SUMARIO

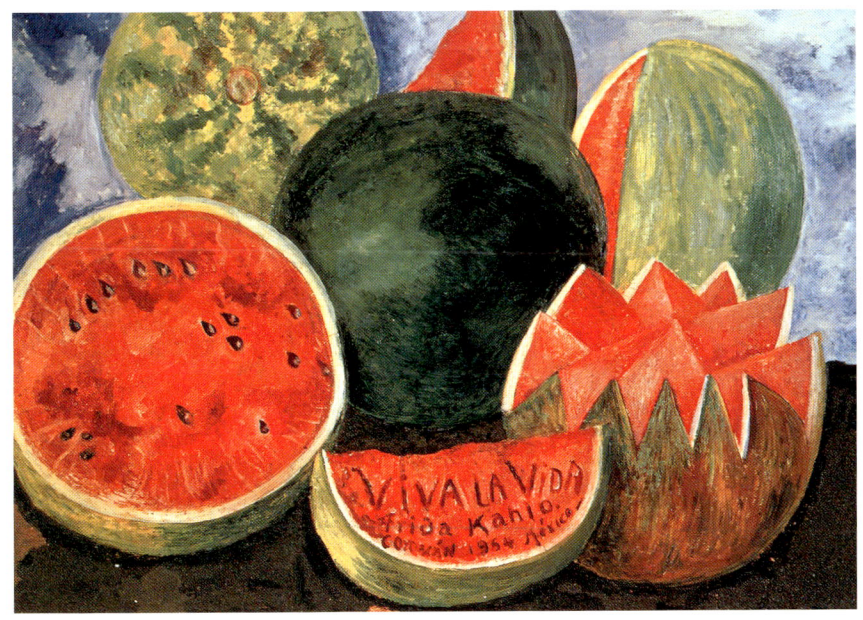

EL PINCEL DE LA SINCERIDAD

Además de una pintora mundialmente famosa, Frida Kahlo fue una mujer de extremos. La fama y el reconocimiento de su talento no mitigaron el sufrimiento que la acompañó toda su vida, tanto desde un punto de vista físico como moral.

Su matrimonio con Diego Rivera le deparó un sinfín de alegrías y sinsabores, pero en el terreno pictórico él mismo no dejó de reconocer: «Es la primera vez en la historia del arte que una mujer ha expresado con franqueza absoluta, descarnada y, podríamos decir, tranquilamente feroz, aquellos hechos generales y particulares que conciernen exclusivamente a la mujer. Su sinceridad, que quizá llamaremos a la par tiernísima y cruel,

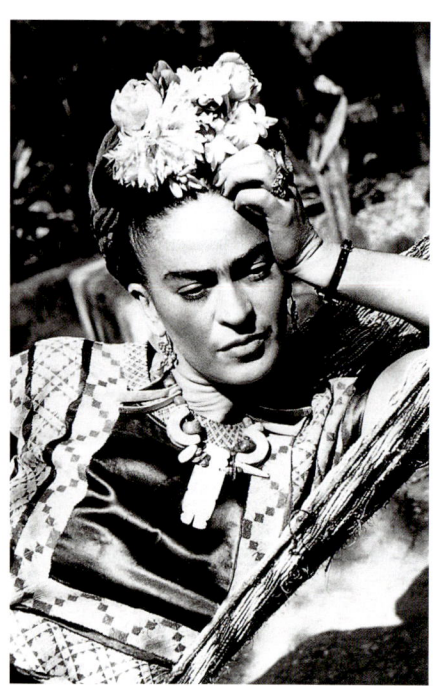

la ha llevado a dar de algunos hechos el testimonio más indiscutible y cierto; por eso ha pintado su propio nacimiento, su amamantamiento, su crecimiento en la familia y sus terribles sufrimientos de todo orden, sin llegar jamás a la más ligera exageración o discrepancia de los hechos precisos, conservándose realista... hasta en los casos en que generaliza los hechos y sentimientos».

Pese a que le gustaba identificar el año de su nacimiento con el

■ *Frida Kahlo*
Fotografía

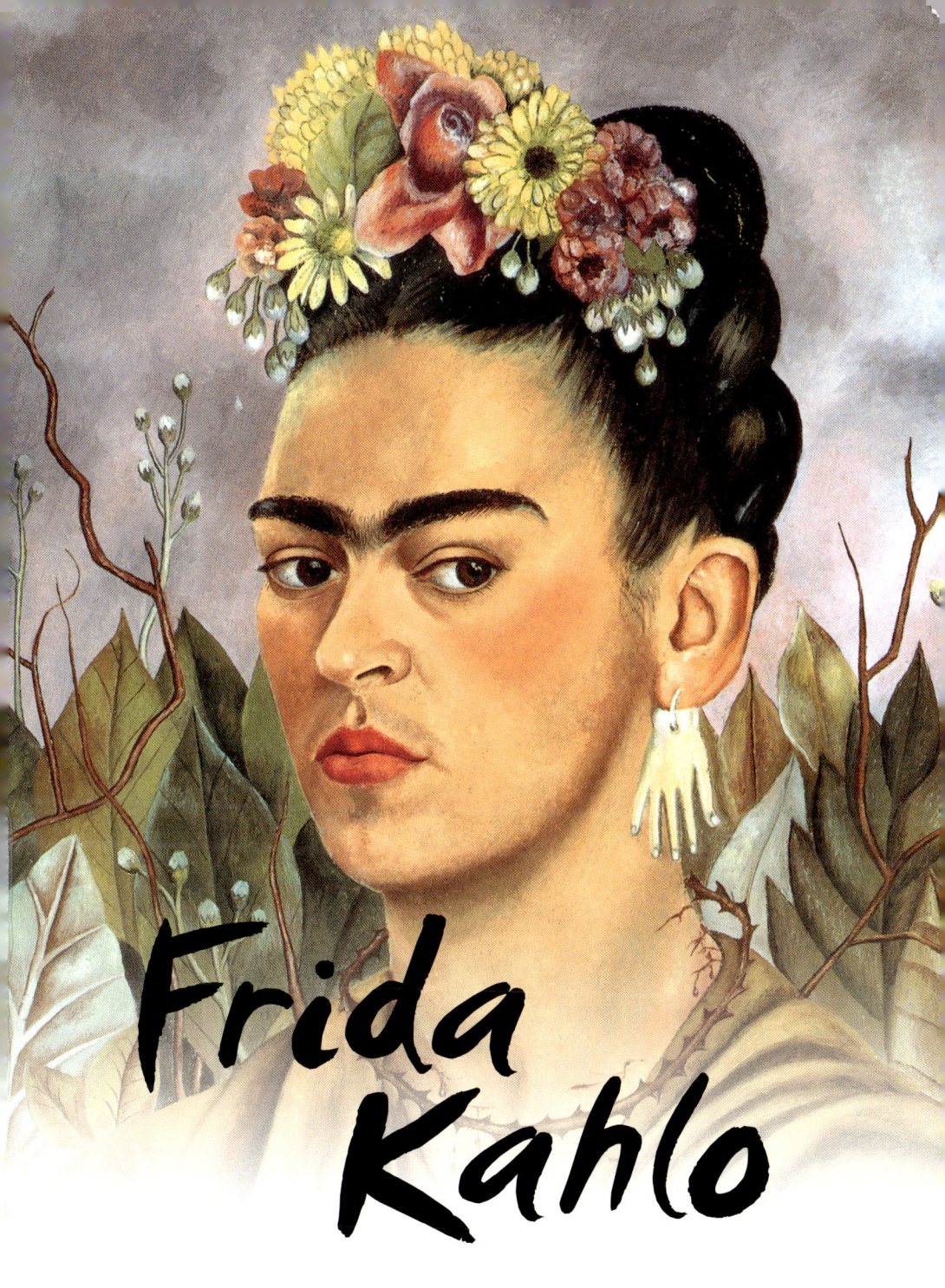

Frida Kahlo

susaeta

Dirección y coordinación de producción: Roberto Uriel Herrera
Dirección de arte: Rocío Cuenca Farrona
Textos: Laura García Sánchez Y Equipo Susaeta
Corrección: Equipo Susaeta
Diseño gráfico y maquetación: Daniel Pastor Martín
Diseño de cubierta: Roberto Uriel Herrera
Preimpresión: Miguel Ángel San Andrés

© SUSAETA EDICIONES S.A.
C/ Campezo, 13 - 28022 Madrid
Tel.: 91 3009100
www.susaeta.com

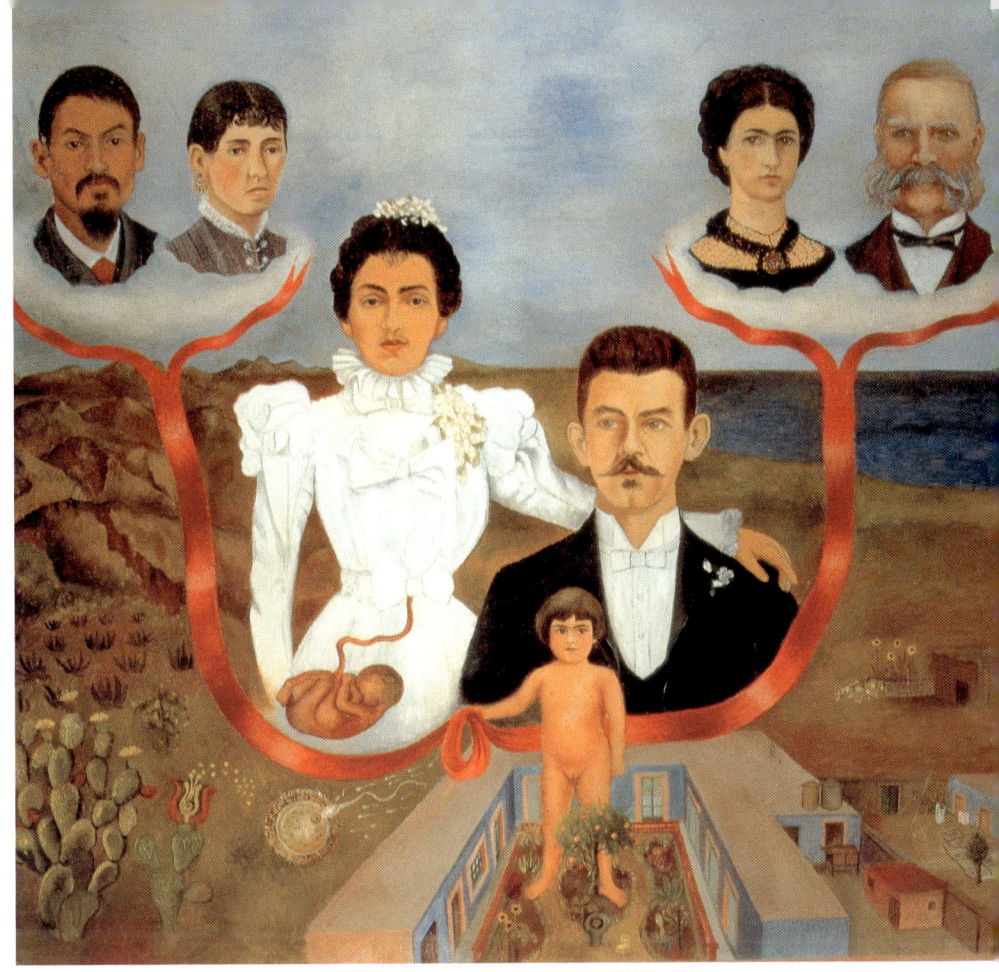

■ *Mis abuelos, mis padres y yo*
1936, óleo y témpera sobre metal, 30,7 x 34,5 cm
Nueva York: Museum of Modern Art

del inicio de la Revolución mexicana (1910), lo cierto es que Magdalena Carmen Frida Kahlo Calderón nació el 6 de julio de 1907 en la Casa azul, una hermosa propiedad del bonito barrio de Coyoacán, entonces en las afueras de Ciudad de México. Era la tercera de las cuatro hijas del matrimonio de Wilhelm Kahlo y Matilde Calderón. El padre de Frida nació en Baden-Baden, en 1872, en el seno de una familia judía húngara de cierto bienestar gracias al negocio de la joyería y la fotografía. Matriculado en la Universidad de Núremberg, el percance de una grave herida en la cabeza que lo dejó epiléptico le impidió finalizar los estudios. La muerte de su madre, Henriette Kaufmann, y la mala relación que estableció con su posterior madrastra le hicieron tomar la decisión de abandonar el

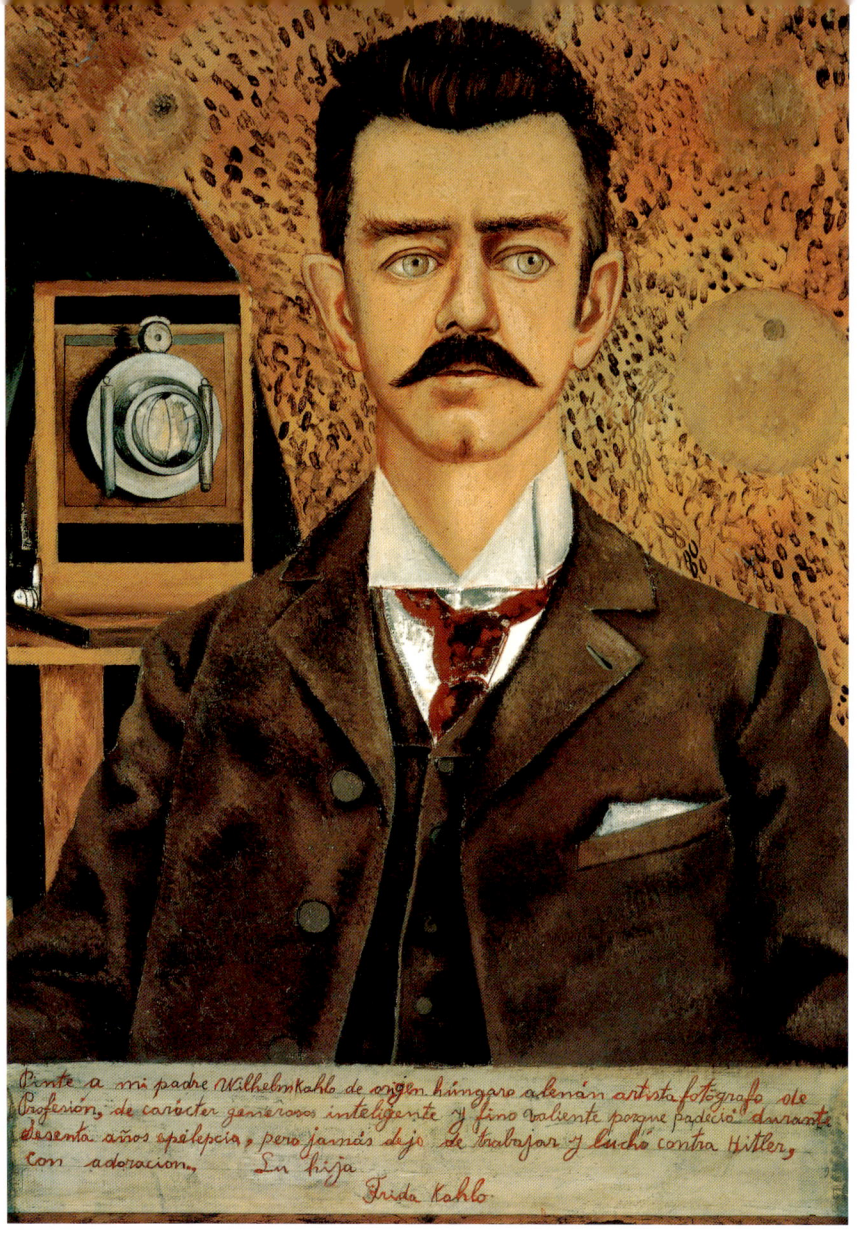

Pinte a mi padre Wilhelm Kahlo de origen húngaro alemán artista fotógrafo de Profesión, de carácter generoso inteligente y fino valiente porque padeció durante sesenta años epilepcia, pero jamás dejo de trabajar y luchó contra Hitler, con adoración. Su hija
Frida Kahlo

■ *Retrato de mi padre*
1951, óleo sobre fibra dura, 60,5 x 46,5 cm
Coyoacán (Ciudad de México): Museo Frida Kahlo

hogar familiar y trasladarse a México, país al que llegó en 1891. Españolizó su nombre como Guillermo y, gracias a una situación favorable para los emigrantes, no tardó en encontrar trabajo como dependiente de varios negocios, hasta recalar en la joyería La Perla.

En 1894 se casó y tuvo dos hijas, pero su esposa falleció durante el parto de la segunda. Sin embargo, no mucho tiempo después, una compañera de trabajo entró a formar parte de su vida: Matilde Calderón. Oriunda de Oaxaca, Matilde era la mayor de los doce hijos del matrimonio de Isabel González, cuyo padre era un general de origen español, y Antonio Calderón, un fotógrafo de daguerrotipos de origen indígena que, por razones profesionales, tuvo que instalarse con toda su familia en la capital.

Tras su segunda boda, en 1898, Guillermo Kahlo envió a sus dos hijas mayores a un convento, dejó la joyería y aprendió los entresijos de la labor de su suegro con la intención de hacerse fotógrafo profesional. En el cuadro *Mis abuelos, mis padres y yo,* fechado en 1936, Frida explica su procedencia a través de los retratos de estos familiares, a pesar de que, cuando ella nació, sus abuelos paternos y su abuelo materno ya no vivían. Se trata de un tema que ella recuperaría más adelante, pero ampliado con nuevos miembros, en *Retrato de la familia de Frida,* datado hacia 1950-1954.

Gracias a su buen hacer profesional, Guillermo recibió en 1904 el importante encargo del gobierno de Porfirio Díaz de viajar por todo el país fotografiando el patrimonio arquitectónico prehispánico y colonial. Este material estaba destinado a ilustrar los lujosos volúmenes gráficos que debían editarse en conmemoración del centenario de la independencia de México. No obstante, la influencia de su mujer en los ambientes de Oaxaca, el estado natal de su abuelo y de Porfirio Díaz, resultó al parecer decisiva en la naturaleza de aquella petición, puesto que su marido era en realidad un miembro poco conocido de la comunidad de inmigrantes alemanes. Fue considerado por ese trabajo el primer fotógrafo oficial del Patrimonio Cultural mexicano.

Con el tiempo, Guillermo instaló su estudio en pleno centro de la ciudad, y se hizo con cámaras nuevas y más de 900 placas de vidrio que él mismo preparó. Su técnica fue tomada en cuenta, ya que era muy exigente en su enfoque y tenía una percepción muy objetiva. Esa prudencia y esa actitud de no enamorarse de lo que fotografiaba eran algo que su hija observaba en las salidas con su padre, así como la obsesión por el aspecto compositivo y el cuidadoso uso de la luz y la sombra para captar la arquitectura, delineando las formas. Todo aquel esmero y atención en el detalle los aprendió Frida para sus trabajos pictóricos.

LA CASA AZUL

Con su aire colonial, sus patios, sus amplios cuartos y su distribución, su nombre hace gala del color de sus paredes. Salvo algunos intervalos, allí fue donde vivió la pintora a lo largo de toda su vida.

Aquel primer contrato gubernamental de su padre se convirtió en puente para otros trabajos, entre ellos el de retratar al presidente y a su familia. Gracias a las ganancias obtenidas, la familia Kahlo pudo disfrutar de la acogedora Casa azul, una vivienda construida sobre un terreno que formó parte de la Hacienda del Carmen y era una antigua propiedad de los carmelitas. Con su aire colonial, sus patios, sus amplios cuartos y su distribución, su nombre hace gala del color de sus paredes. Salvo algunos intervalos, allí fue donde vivió la pintora a lo largo de toda su vida. Matilde y Adriana eran las hermanas mayores. Más tarde vendría al mundo Cristina, la última de los vástagos de la familia.

Rememorando su niñez, Frida dejó escrito en cierta ocasión: «Mi madre no me pudo amamantar porque a los once meses de nacer yo, nació mi hermana Cristina. Me alimentó una nana a quien lavaban los pechos cada vez que yo iba a succionarlos. En uno de mis cuadros estoy yo, con cara de mujer grande y cuerpo de niñita, en brazos de mi nana, mientras de sus pezones la leche cae como del cielo». La artista hacía referencia a *Mi nana y yo,* obra realizada en 1937, y en la que el rostro del ama, desnuda de cintura para arriba, está sustituido por una máscara de piedra precolombina de Teotihuacan.

No disfrutó nunca Frida del cariño ni la dedicación de su madre, motivo que explica en cierta manera las tensas relaciones que siempre mantuvo con ella. «Era una mujer bajita, de ojos muy bonitos, muy fina de boca, morena. Era como una campanita de Oaxaca, donde había nacido. Cuando iba al mercado ceñía con gracia su cinturón y cargaba coquetamente su canasta. Muy simpática, activa, inteligente. No sabía leer ni escribir; solo sabía contar el dinero». Pese a lo cual, también la calificó de calculadora, cruel y fanáticamente religiosa.

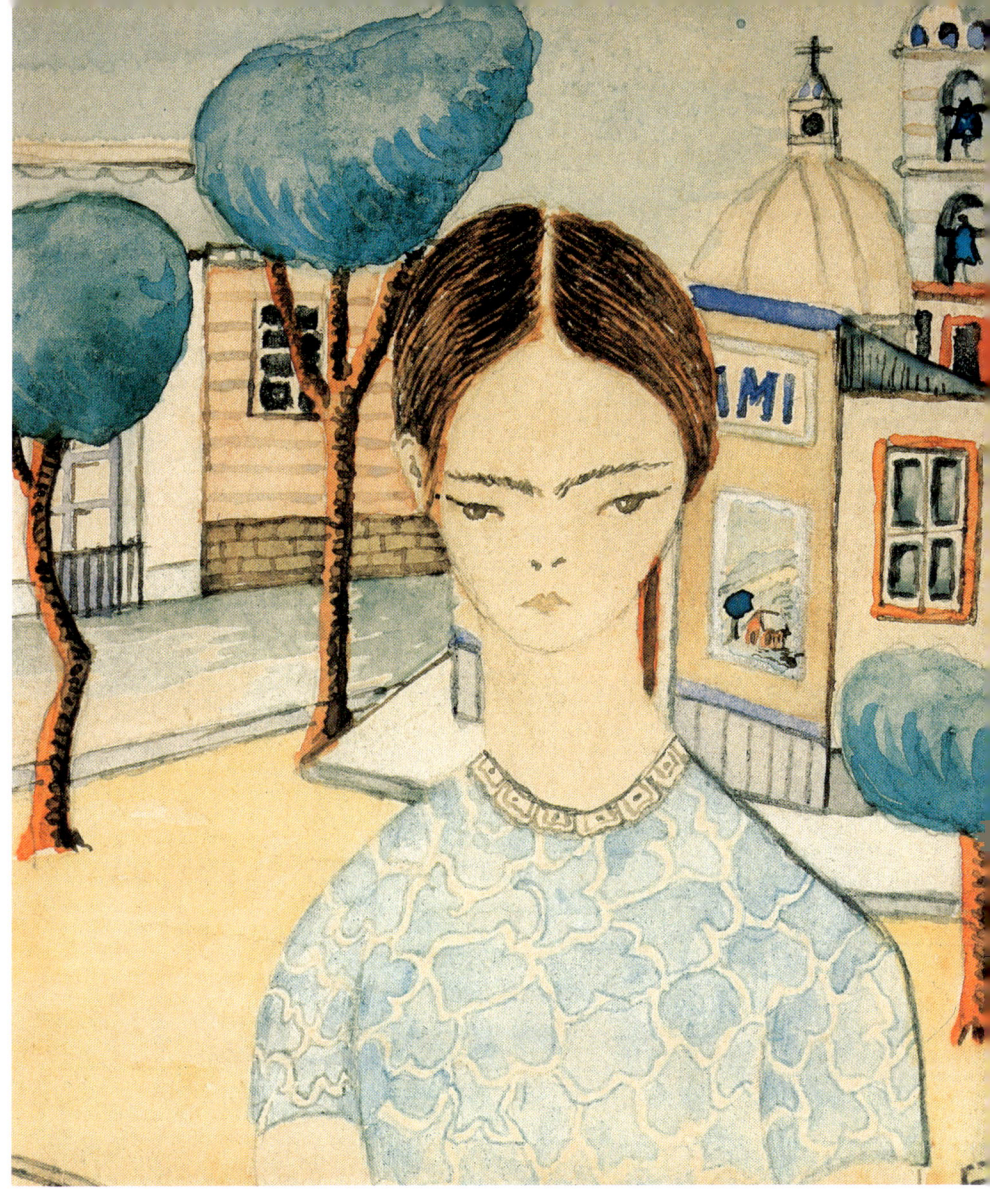

■ *Frida en Coyoacán (detalle)*
1926-1927, acuarela sobre papel, 16 x 21 cm
Tlaxcala: Museo de Arte de Tlaxcala

Su padre, al contrario, fue para ella una persona entrañable y cariñosa. Escribió en su diario: «Mi niñez fue maravillosa; aunque mi padre estaba enfermo (sufría vértigos cada mes y medio), para mí constituía un ejemplo inmenso de ternura, trabajo (como fotógrafo y pintor) y, sobre todo, de comprensión para todos mis problemas». Esos sentimientos aparecen plasmados en el tardío *Retrato de mi padre*. Frida siempre recordaba que, cuando enfermó de poliomielitis a los seis años, él se ocupó de ella con gran dedicación durante los nueve meses que duró su convalecencia. A pesar de aquellos cuidados, y del constante ánimo que siempre le transmitía para que hiciese sus ejercicios de gimnasia terapéutica, su pierna derecha quedó más delgada y corta que la izquierda, lo cual siempre la acomplejó. Los otros niños la atormentaban llamándola pata de palo, y ella intentó ocultar aquel defecto de joven bajo pantalones y, más tarde, bajo largas faldas mexicanas.

Su progenitor le llenó la vida llevándosela de excursión y, mientras él pintaba acuarelas, Frida recogía insectos, plantas y conchillas a la orilla de los ríos. También le enseñó a utilizar la cámara y a revelar. Le hacía retocar las fotos, y esa técnica de pinceladas precisas y breves aparece en el estilo de sus cuadros. Por ello, no es de extrañar que lo admirase tanto.

- ***Échate l'otra***
  s. f., acuarela, 18 x 24 cm
  Tlaxcala: Museo de Arte de Tlaxcala

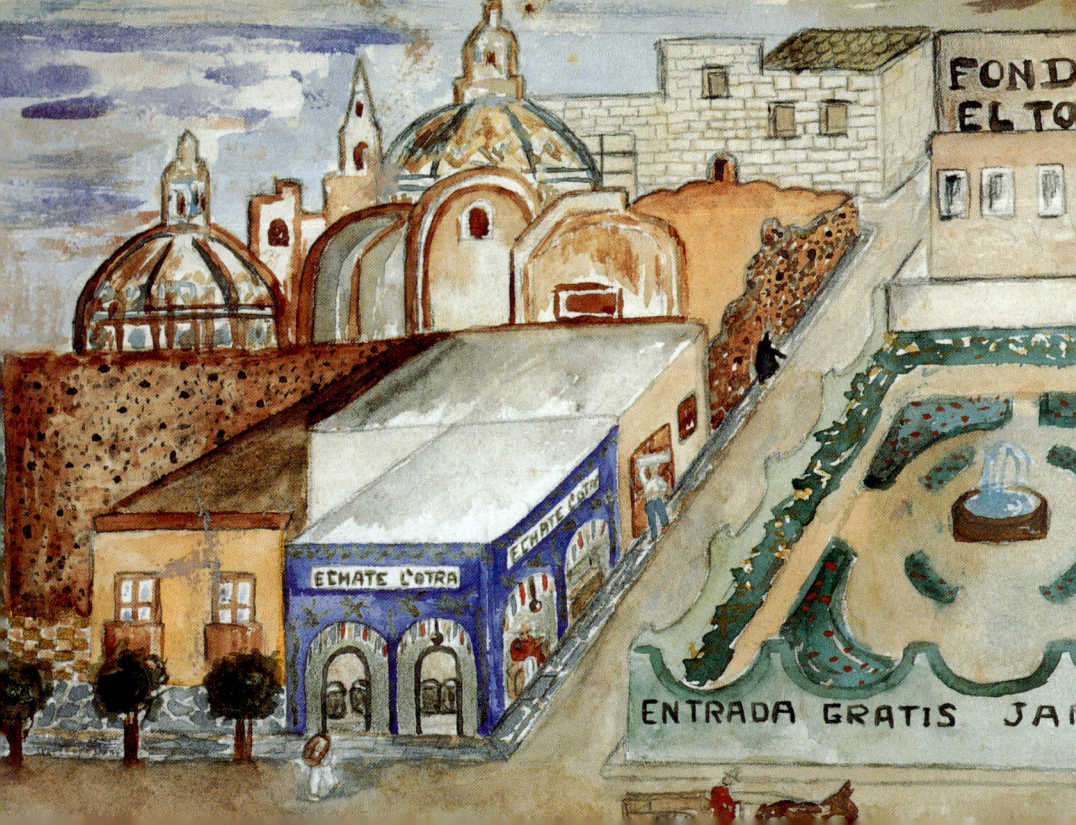

Ella misma reconoció la vinculación entre el arte fotográfico de su padre y su técnica pictórica, y solía decir que sus cuadros eran como las imágenes captadas por aquel para ilustrar calendarios, con la única diferencia de que ella pintaba los calendarios que se encontraban dentro de su cabeza, en lugar de fotografiar la realidad exterior.

Todo esto muestra la influencia que Guillermo y la fotografía tuvieron en la educación artística de Frida, y cómo este apoyo motivó a la futura artista a evolucionar en la pintura, a pesar de que en su época no era tarea de mujeres. Estuvo muy unida a su padre, quien, tal vez, veía en ella el talento y la enfermedad que también lo acosaba. Ambos disfrutaban de la mutua compañía y aprovechaban al máximo las oportunidades que tenían de estar juntos.

Frida Kahlo creció en un ambiente moderadamente privilegiado, protegida de los peores efectos de la Revolución, que estalló cuando tenía tres años, acabó cuando tenía trece y arrojó como balance más de un millón de muertos. Durante su infancia, alrededor de 1913, presenció desde la Casa azul la lucha entre zapatistas y carrancistas, y vio cómo su madre abría los balcones de la casa para atender al ejército de los primeros.

Guillermo se arruinó tras la caída del régimen de Díaz y los acontecimientos posteriores, pero siguió luchando para sacar adelante a la familia. Además, de la misma manera que no dudó en costear los mejores centros deportivos para la reeducación física de Frida, tampoco quiso regatear en la elección de la escuela preparatoria de la Universidad, que sucedía al colegio. La consideraba la más inteligente de sus hijas, y no escatimó esfuerzo alguno para ofrecerle los mejores medios a su alcance para cuando tuviese que enfrentarse a la vida.

Los felices años de la Preparatoria

Tras obtener su certificado escolar en el Colegio Alemán de México, Frida se matriculó en 1922 en la Escuela Nacional Preparatoria, considerada en aquel tiempo la mejor institución de enseñanza del país.

No se sabe exactamente por qué sus padres tomaron aquella insólita decisión, aunque es posible que Guillermo hubiese considerado la posibilidad de alejarla de la influencia religiosa de la escuela alemana y, al mismo tiempo, darle el tipo de educación que él se vio obligado a abandonar. Pasó el difícil examen de admisión y, de los 2.000 alumnos de la escuela, Frida pasó a ser una de las 35 muchachas del centro. Quería hacer el bachillerato, puesto que le interesaban mucho las ciencias naturales, especialmente la biología, la zoología y la anatomía, y deseaba llegar a ser médico.

Por entonces, la escuela vivía una especie de efervescencia cultural, que coincidió con la aparición de los primeros muralistas mexicanos: José Clemente Orozco, David Alfaro Siqueiros y Diego Rivera. Este último, casado con Lupe Marín, se hallaba ocupado por entonces en la realización del fresco titulado *La Creación* en el anfiteatro Simón Bolívar de la propia escuela. Por ironías del destino, fue allí, al parecer, donde la curiosidad de Frida la llevó a interesarse por el trabajo de aquel «gordo e inmenso» pintor, sin tener entonces ni la más remota sensación de que un día compartirían su vida. Según sus biografías oficiales, permaneció un día en aquel lugar, durante largas horas, viendo trabajar al pintor, e incluso se permitió la osadía de gastarle ciertas bromas en repetidas ocasiones. Por lo demás, la Frida que en aquel momento empezaba una nueva etapa en un prestigioso centro era ya una hermosa adolescente de 15 años, esbelta y fina, que llamaba la atención.

En la Preparatoria, muy pronto se percató de cómo se establecía la red de relaciones entre los alumnos. La escuela estaba dividida en grupos que se organizaban según sus intereses y actividades; Frida decidió entrar en contacto con algunos de aquellos grupos, hasta que optó por pasar a formar parte de los Cachuchas, nombre que hacía referencia al tipo de gorra que llevaban sus miembros como elemento identificativo.

Los Cachuchas eran nueve: Alejandro Gómez Arias, José Gómez Robledo, Manuel González Ramírez, Carmen Jaime, Agustín Lira, Miguel N. Lira, Jesús Ríos y Valles, Alfonso Villa y la propia Frida. Con el tiempo, todos ellos destacaron en sus respectivas disciplinas profesionales. Leían mucho y se identificaron con las ideas nacionalistas del ministro de cultura José Vasconcelos, por lo que optaron por hacer reformas en la escuela.

Frida nunca fue una excelente alumna, puesto que sus ganas de aprender y de leer le permitían salir adelante sin demasiado esfuerzo. Por encima de todo, incluidos los libros, se interesaba por la gente en general y por sus amigos en particular. Uno de ellos brilló con

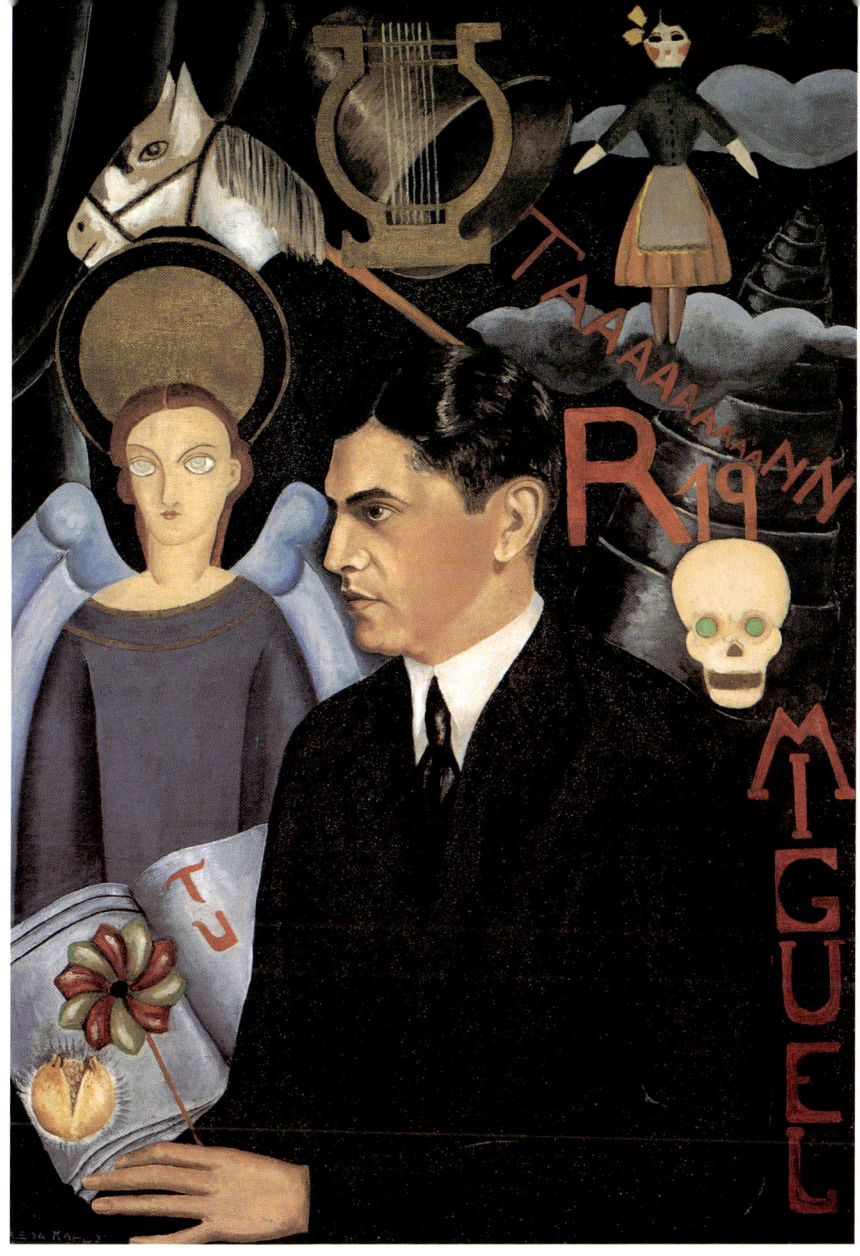

■ *Retrato de Miguel N. Lira*
1927, óleo sobre lienzo, 99,2 x 67,5 cm
Tlaxcala: Museo de Arte de Tlaxcala

nombre propio: Alejandro Gómez, el más destacado de los Cachuchas. Hasta 1925, apenas se apercibió de su talento, cuya única base hasta entonces habían sido algunas clases de dibujo con el reconocido grafista publicitario Fernando Fernández, un amigo de su padre.

Sabedor de las necesidades económicas de la familia, éste le ofreció un puesto de aprendiz remunerado y le enseñó a copiar grabados del impresionista sueco Anders Zorn.

Quería que aprendiese a dibujar y, aunque Frida no se cansó de hacer bocetos, su mente estaba puesta en la medicina, si bien sabía que seguramente jamás entraría en la universidad. Mientras estudiaba, nunca pensó en dedicarse profesionalmente al mundo del arte, pero un desgraciado percance le impuso un forzoso cambio de opinión.

Accidente *(Agustín Lazo)*
1924, acuarela sobre papel, 30 x 43 cm
Colección particular

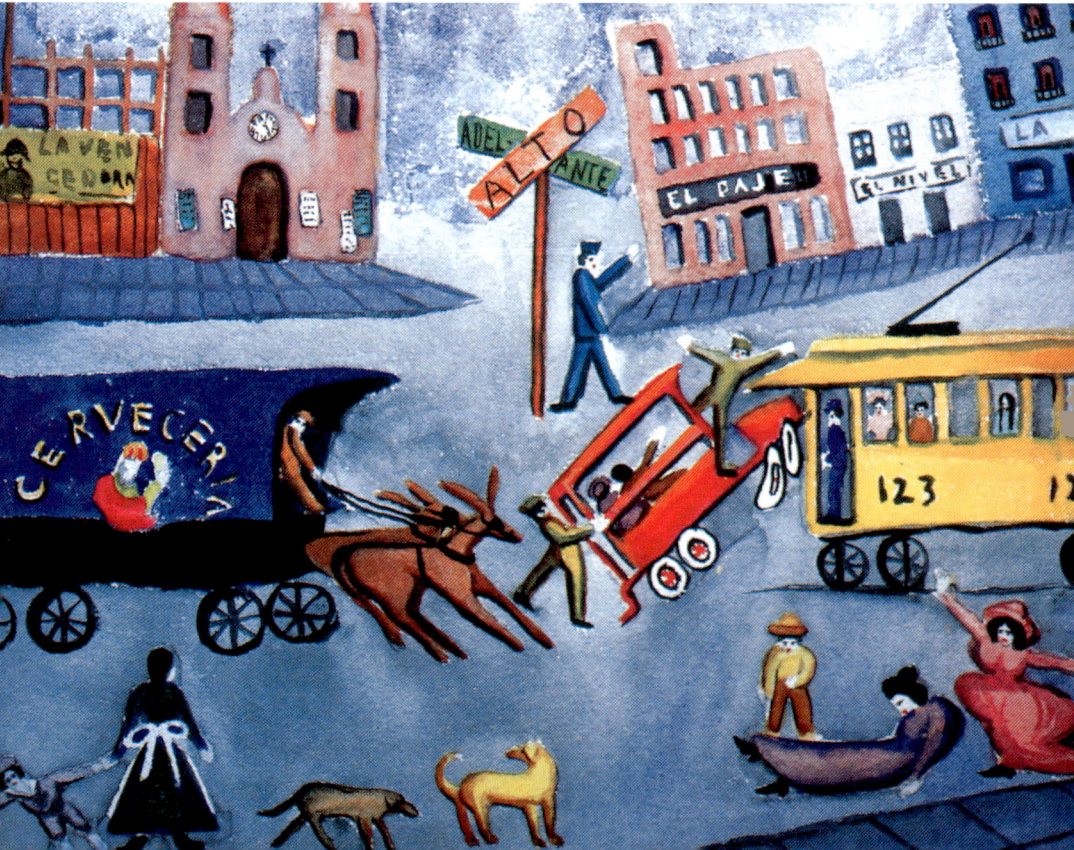

UN ACCIDENTE Y UNA PASIÓN: LA PINTURA

El 17 de septiembre de 1925, regresando de la escuela a casa en autobús (llamado *camión* en México), Frida y su novio Alejandro se vieron implicados en un trágico accidente con un tranvía, que a ella casi le costó la vida y le dejó decisivas secuelas que cambiaron su cuerpo y su carácter para el resto de sus días.

Constituyó un manantial de horrores físicos y, en muchos momentos, fue el origen de la tragedia reflejada en su obra artística.

Se partió la columna vertebral, la clavícula, varias costillas, se dislocó el hombro izquierdo y se fracturó la pierna y el pie derechos. Una barra de acero le atravesó, además, la cadera izquierda hasta el sexo, produciéndole una triple fractura de la pelvis que, con el tiempo, le impidió tener hijos: «Los camiones de mi época eran absolutamente endebles; comenzaban a circular y tenían mucho éxito; los tranvías andaban vacíos. Subí al camión con Alejandro Gómez Arias... Momentos después, el camión chocó con un tren de la línea Xochimilco... Fue un choque extraño; no fue violento, sino sordo, lento, y maltrató a todos. Y a mí mucho más... Antes habíamos tomado otro camión; pero a mí se me había perdido una sombrillita; nos bajamos a buscarla, y fue así que vinimos a subir a aquel camión, que me destrozó. El accidente ocurrió en una esquina, frente al mercado de San Juan... Mentiras que uno se da cuenta del choque, mentiras que se llora. En mí no hubo lágrimas. El choque nos brincó hacia delante y a mí el pasamano me atravesó como la espada a un toro». Fue tal la magnitud del impacto, que los médicos dudaban incluso que fuera a sobrevivir.

Tras aquel gravísimo infortunio, Frida se vio sometida durante un largo periodo de tiempo a un reposo absoluto en cama, después de permanecer durante un mes en el hospital de la Cruz Roja. Finalizada aquella etapa,

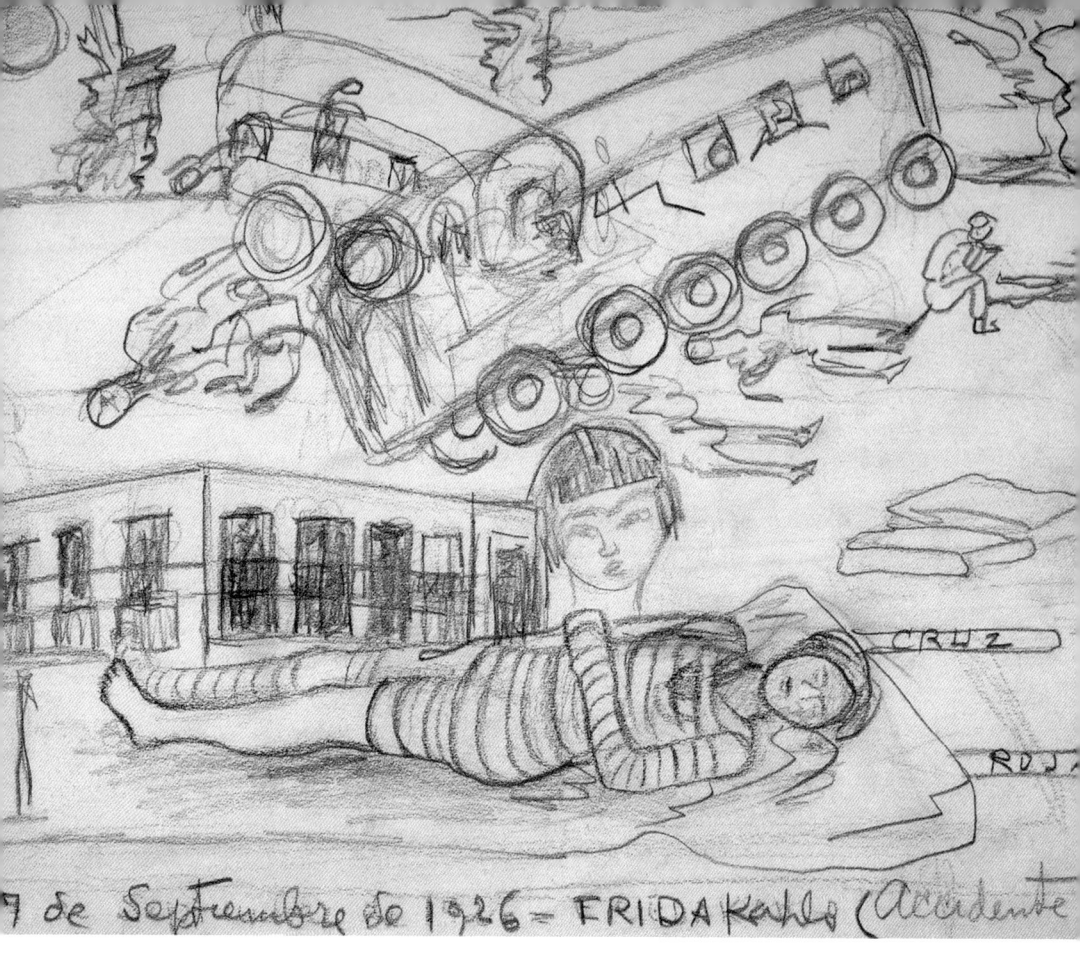

■ *Accidente*
1926, lápiz sobre papel, 20 x 27 cm
Cuernavaca (Ciudad de México): Colección Juan Rafael Coronel Rivera

parecía recuperada, pero los frecuentes dolores en la columna y en el pie derecho, aparte de la constante sensación de cansancio, aconsejaron al año del percance una nueva visita al centro hospitalario.

Al contrario que en su primer ingreso, fue examinada, en aquella ocasión, por rayos X, y se le descubrió una rotura en una vértebra lumbar cuya curación exigió el uso de diversos corsés de escayola durante nueve meses. Al igual que su padre, Frida tuvo que abandonar los estudios y las esperanzas de llegar a ser médica.

En las frecuentes cartas que escribió a Alejandro le hizo partícipe de su estado durante aquel tiempo y le manifestó un amor, que desde entonces ya no sería correspondido. Aquellas misivas muestran a una joven intrépida y temeraria, pero que buscaba al mismo tiempo alguien en quien apoyarse y a quien admirar. Bajo aquel carácter independiente, latía una marcada tendencia a la dependencia emocional.

Así, confinada a un aparato ortopédico, comenzó Frida durante esos meses a pintar por aburrimiento. Existe un dibujo suyo realizado en 1926 en el que aparece una camilla, su cuerpo inerte vendado y a un lado la Casa azul. Se trata del único testimonio gráfico del accidente, puesto que jamás volvió a representarlo, con la excepción de un retablo que encontró a principios de la década de 1940 y que Frida manipuló levemente para mostrar una situación muy parecida y convertirlo en una representación de su propio accidente. Este pasatiempo, la pintura, terminaría por ser la pasión de su vida.

A instancias de su madre, la cama fue cubierta con un baldaquino en cuyo lado inferior se había dispuesto un espejo a lo largo, de manera que Frida podía verse a sí misma y servirse de modelo. Fue el comienzo de los numerosos autorretratos que constituyen la mayoría de su obra, y de los que existen ejemplos en todas las fases de su trayectoria artística, exponentes, por lo demás, de su estado anímico o de un momento determinado. La larga etapa de convalecencia le brindó la oportunidad de estudiar con gran atención su imagen a modo de autoanálisis.

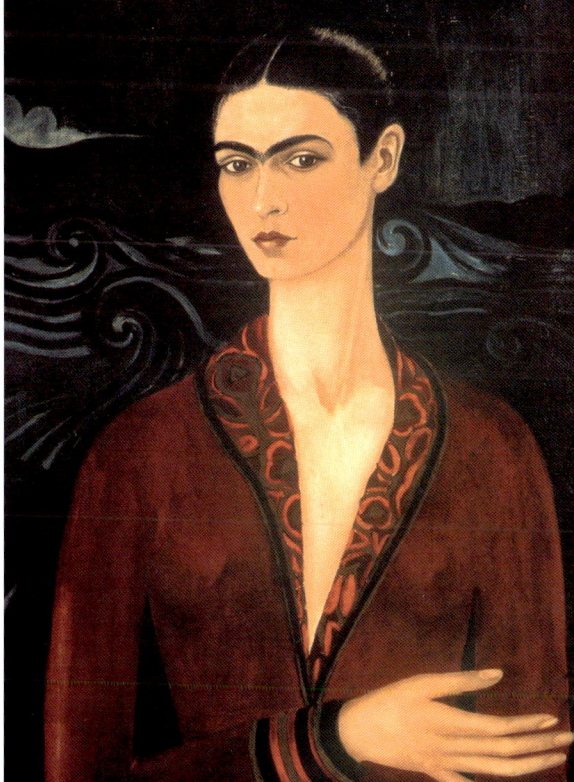

■ *Autorretrato con traje de terciopelo*
1926, óleo sobre lienzo, 79,7 x 60 cm
Ciudad de México

AMISTAD, AMOR Y POLÍTICA

En 1928, Frida Kahlo se unió al grupo de artistas progresistas. A finales del año anterior, a pesar de los sufrimientos de cada vez que se imponía un nuevo cambio de corsé, se había restablecido hasta tal punto que podía llevar una vida prácticamente normal.

Ello le permitió dedicarse a buscar trabajo y a reencontrarse con antiguas amistades de la Escuela Nacional Preparatoria, aunque muchos de sus amigos estaban ya en la Universidad y formaban parte de asociaciones políticas activas. Germán de Campo, una importante figura del movimiento estudiantil a quien Frida apreciaba mucho, la introdujo a principios de aquel año en un círculo de gente joven en torno al comunista cubano Julio Antonio Mella. Este último, que estaba exiliado en México, vivía por entonces con una estadounidense de origen italiano, Tina Modotti, quien había llegado al país unos años

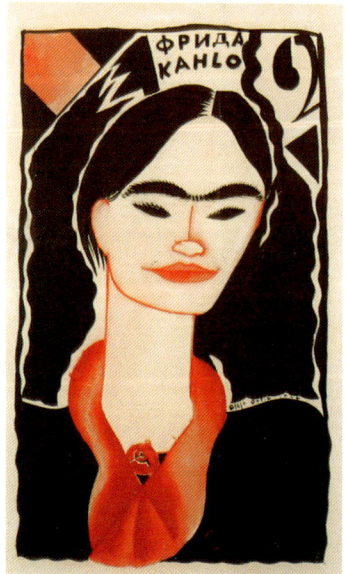

antes con el que en aquel momento era su compañero, el fotógrafo estadounidense Edward Weston.

Encauzada por Weston en la misma profesión, Tina se movía en un ambiente que frecuentaban artistas de talante progresista, militante, escandaloso por sus costumbres bohemias, sus ideas liberales y sus intrigas.

Ambas mujeres simpatizaron enseguida, y Tina no tardó en

▪ *Frida Kahlo, camarada comunista (Alejo Ortiz)*
1929, acuarela sobre papel, 30,3 x 20,3 cm

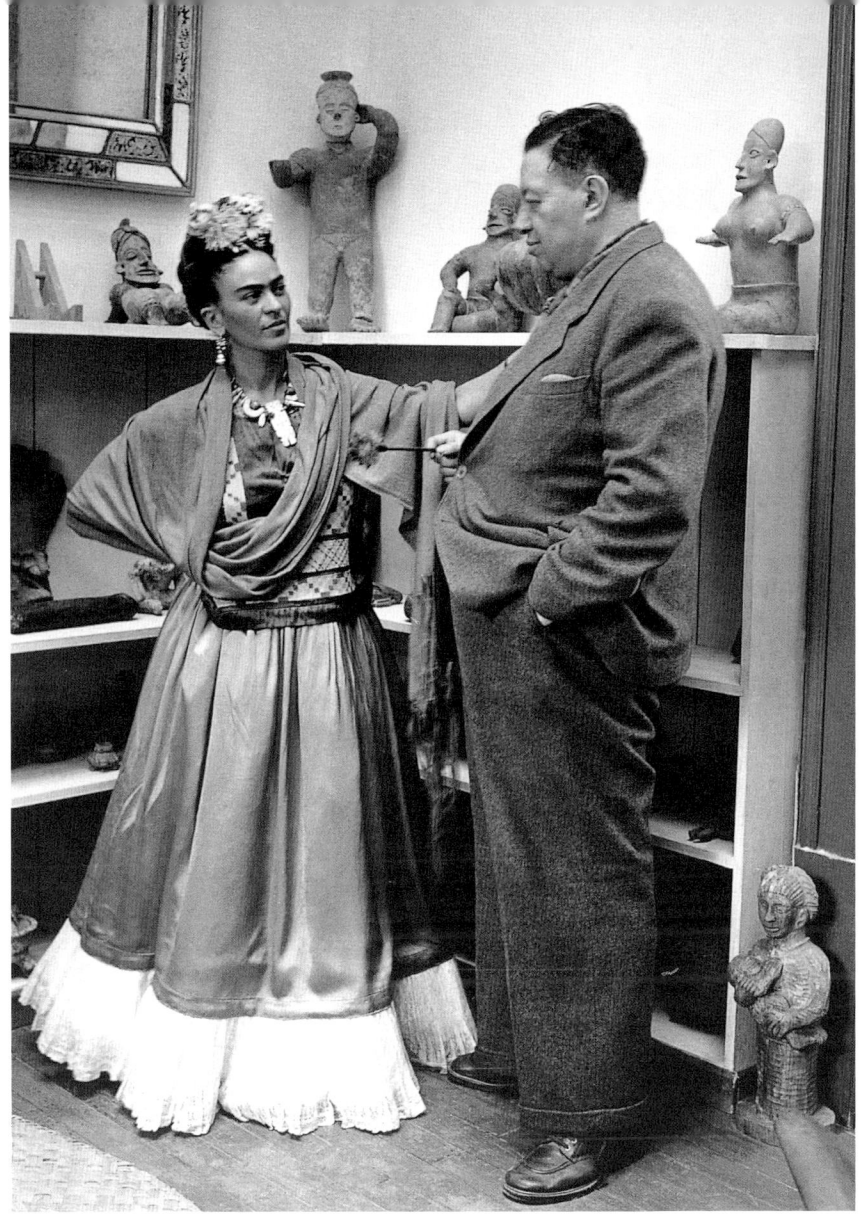

■ **Frida Kahlo y Diego Rivera**
Fotografía

llevar a su nueva aliada a las reuniones políticas y a las fiestas que se celebraban por toda la ciudad. Ya debilitado su sometimiento emotivo hacia Alejandro, Frida se afilió al Partido Comunista Mexicano (PCM), en el que militaban muchos de sus amigos. En el transcurso de una de aquellas veladas llenas de gente, ruido, música y humo, conoció

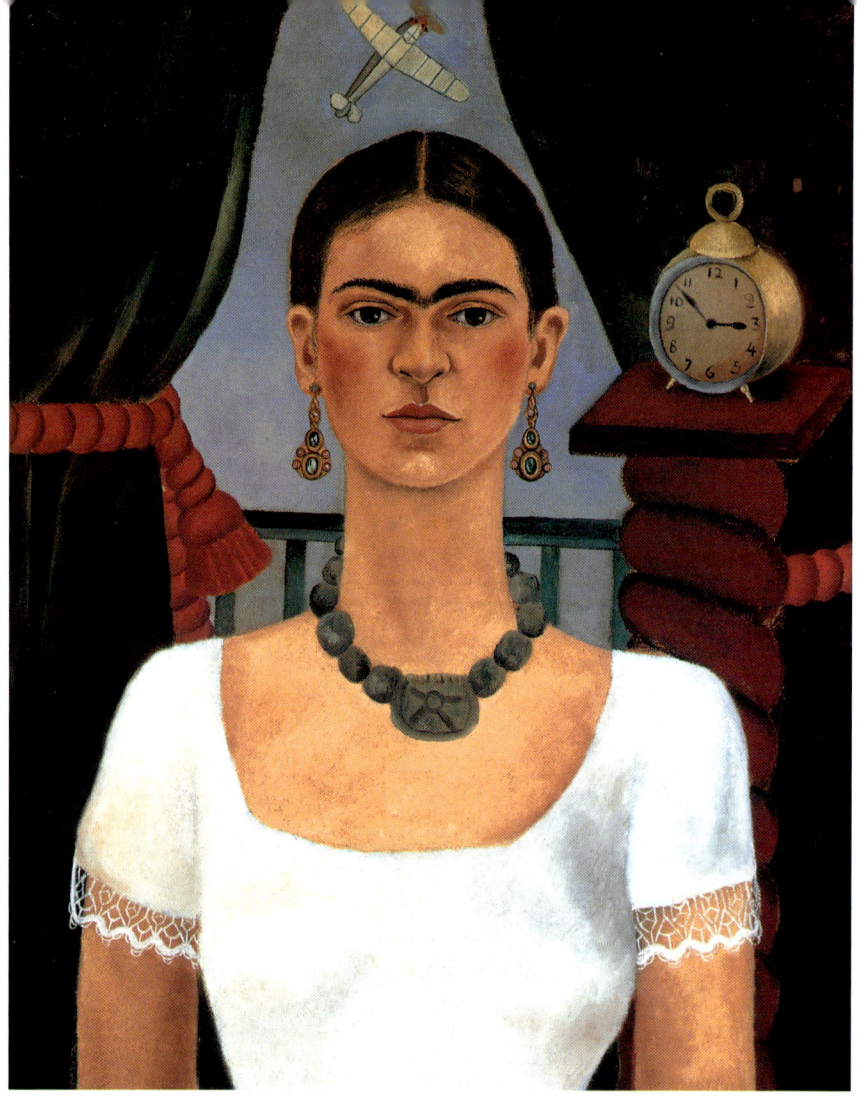

formalmente al que se convertiría en el principal hombre de su vida: Diego Rivera, que por entonces tenía 42 años. El artista se encontraba inmerso en la finalización de un ciclo de murales para el edificio de la Secretaría de Educación Pública (SEP), trabajo que había interrumpido para trasladarse a la Unión Soviética a fin de responder a la invitación de participar en las celebraciones del décimo aniversario de la Revolución de Octubre. Por entonces era ya una figura notoria, que despertaba igual número de odios que de pasiones, y su obra muralista era tan alabada como denigrada.

La burguesía no soportaba que defendiera al pueblo y sus raíces mexicanas, y mucho menos que pintase con voluptuosidad a las mujeres indígenas y que criticase de forma incisiva a la clase dominante. Frida Kahlo no tardó en hacerse notar.

«En fin, estaba en un andamio, en el último piso del Ministerio de Educación, cuando yo me presenté con algunos de mis trabajos bajo el brazo. Me lo había encontrado aquí y allá en las veladas, pero no había entrado en contacto directo con él. Me dio un arrebato, me acerqué a él sin más preámbulos».

»Estaba pintando con una colilla en la boca. «Vamos, Diego, baje un momento", le solté. Me miró y sonrió, pero no hizo nada más. Tuve que insistir: "¡Vamos, baje usted!". Esta vez se detuvo y bajó. "Mire, le dije, no vine a buscar cumplidos, sino una opinión sincera y seria sobre mis pinturas".

»Miró con atención mis trabajos y, al fin, dijo: "Continúe. Su voluntad la llevará a su propia expresión". Me miró de arriba abajo y añadió: "¿Tiene más?". Yo le contesté: "Sí, señor, pero me resulta demasiado complicado transportarlos. Vivo en Coyoacán, en el 127 de la calle de Londres. ¿Podría venir el próximo domingo?". Me contestó que no faltaría. Y el domingo siguiente se presentó en casa».

Son diversas las versiones que explican cómo transcurrió aquella visita en Coyoacán. Según unas fuentes, los padres de Frida se dejaron seducir por la jovialidad de Rivera y su siempre interesante conversación, y no parecieron sorprendidos por sus extravagancias ni por su famosa reputación. Pero, según otras, lejos de sentirse orgullosos de que semejante celebridad se interesase por su hija, a la señora Kahlo no le hizo ninguna gracia su presencia en casa, puesto que lo consideraba «un ateo descomunal». Pero la admiración que Frida sentía por Diego fue recíproca, ya que también ella consiguió impresionar al muralista: «Los lienzos revelaban una desacostumbrada fuerza expresiva, una exposición precisa de los caracteres y auténtica seriedad... Poseían una franqueza fundamental y una personalidad artística propia. Transmitían una sensualidad vital enriquecida mediante una cruel, si bien sensible,

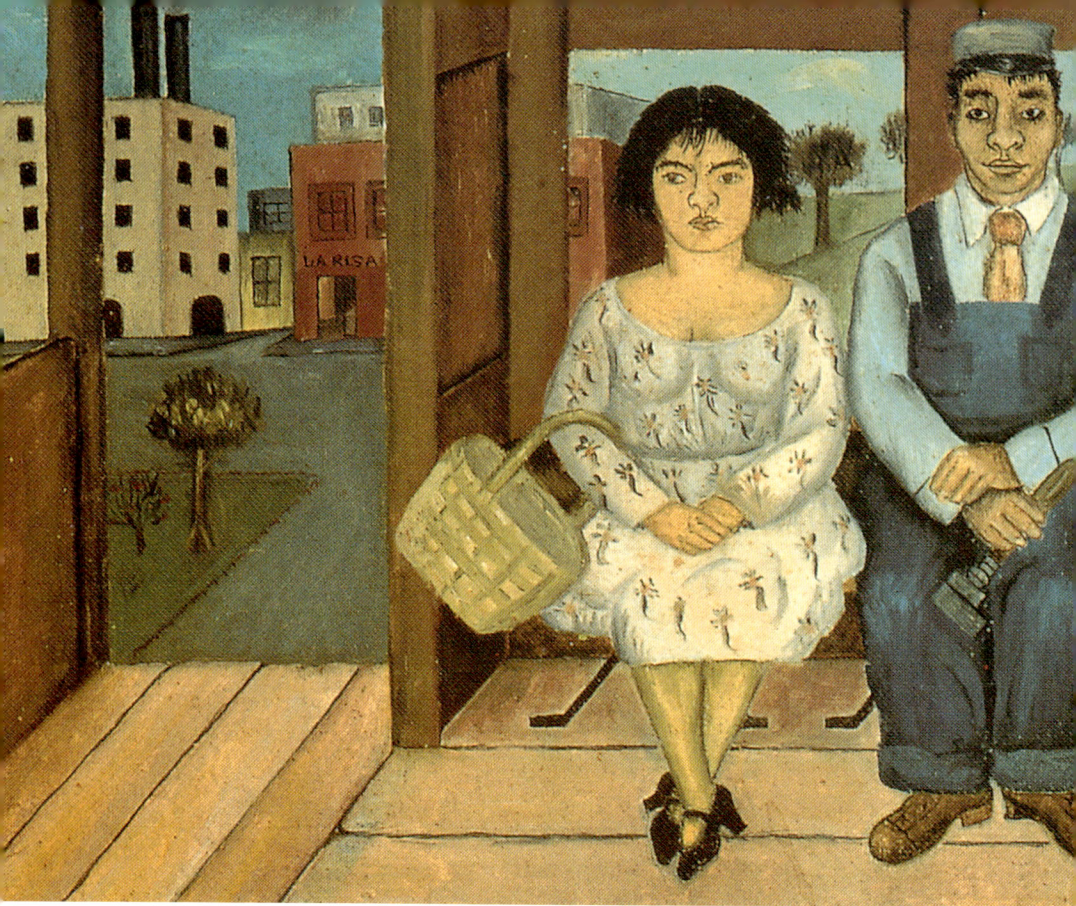

■ *El camión*
1929, óleo sobre metal, 25,8 x 55,5 cm
Ciudad de México: Museo Dolores Olmedo

capacidad de observación. Para mí era evidente que tenía ante mí a una verdadera artista». Así se expresó el pintor, con relación a Frida.

Forjando una personalidad

A partir de aquel momento, las visitas de Rivera a la vivienda de la familia Kahlo se sucedieron y nació una gran complicidad entre ambos. El pintor aprovechó aquella circunstancia para convertir a Frida en protagonista del mural *Arsenal de armas,* integrado en el ciclo de la *Revolución proletaria* del segundo piso de la Secretaría de Educación Pública, en el que se la puede ver repartiendo armas para la lucha revolucionaria. Diego formaba parte del Partido Comunista desde 1922, y acababa de separarse de Lupe Marín, con quien tenía dos hijas, al margen de Marika,

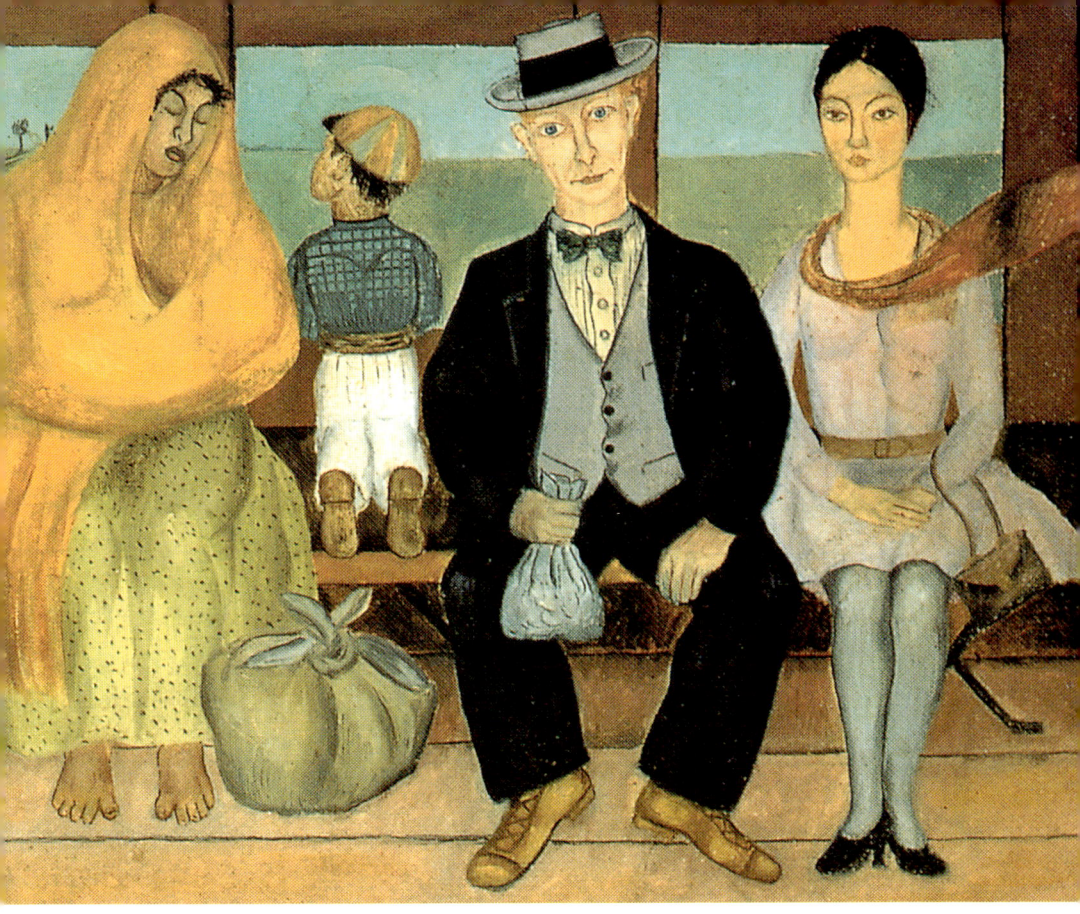

fruto de una relación anterior en París con una pintora rusa llamada Marevna. Un año más tarde, el 21 de agosto de 1929, Diego y Frida se unían en matrimonio, entre el aplauso de muchos y el desagrado de otros, en el ayuntamiento de Coyoacán. A la ceremonia siguió una larga y bulliciosa fiesta que finalizó en el apartamento de Tina Modotti con un gran escándalo. Poco después, él era expulsado del partido y Frida decidió abandonar también aquella militancia.

Antes del enlace, el padre de Frida advirtió a Rivera que su hija estaba enferma y siempre sería una inválida, añadiendo que tenía «un demonio oculto». Para su madre, una católica convencida a quien no le importaba el arte, «Diego era demasiado gordo, demasiado comunista y, sobre todo, demasiado viejo... Además, era un dejado y un *playboy*». Pero a Guillermo no le alarmaba tanto el destino de su favorita. Tenía fama de rico y sabía que Frida siempre iba a necesitar costosos tratamientos médicos. Poco después de la boda, el artista pagó la hipoteca de la Casa azul, donde había cortejado a Frida, y la organizó para que sus padres pudieran seguir viviendo en ella. Mientras, el novel matrimonio decidió instalarse en un piso del centro de Ciudad de México. Lupe la acompañó a comprar todos los enseres para la cocina e incluso le enseñó a guisar los platos preferidos de Diego, por lo que éste le dio el apodo de «la reina de los frijoles», que Frida recibió orgullosa. Lupe permaneció cerca de su antigua pareja durante toda la vida, en parte por el intenso cariño y afecto que Diego Rivera sentía hacia sus dos hijas; visitaba la casa de ambos y ayudó a Frida en varias ocasiones.

La pintora llegó a declarar: «Guadalupe lloró el día en que estaba yo muy enferma aquí. Me había envenenado y me había ardido la ropa y todas las puertas estaban cerradas... Lloraba ella, que no llora ni por su madre y, en cambio, por mí lloró con lágrimas tendidas».

El atractivo principal que Frida encontró en Diego quizá fue el mismo que embelesó a sus anteriores compañeras y mujeres, descrito por todas con diferentes palabras, pero siempre como si él fuese para ellas el centro de la vida, una contagiosa fuerza de la naturaleza. Pese a su fuerte carácter, cuando quería también era dueño de una gran simpatía y capaz de manifestaciones de ternura.

Desde que conoció a Rivera, Frida fue cambiando paulatinamente su vestimenta masculina por la imagen de una mujer mexicana, con enaguas, bordados, largas faldas y vestidos de colores, y se engalanaba con peinados con cintas y joyas pesadas. El traje ricamente adornado de las mujeres tehuanas fue, desde su matrimonio, su atuendo preferido. Tenía la ventaja, además, de que la falda larga hasta el suelo ocultaba el defecto de su pierna derecha. La vestimenta concordaba perfectamente con el naciente espíritu nacionalista y la vuelta a la cultura indígena. Arriesgándose a ser señalada con el dedo, Frida cayó en un mexicanismo a ultranza. Rivera le compraba la ropa y los ornamentos nativos, y ella se los ponía para complacerle.

Con el paso del tiempo, hizo de aquella vestimenta una parte integrante de su personalidad, y sus características cejas y su línea de vello por encima del labio superior contribuyeron a marcar su aspecto.

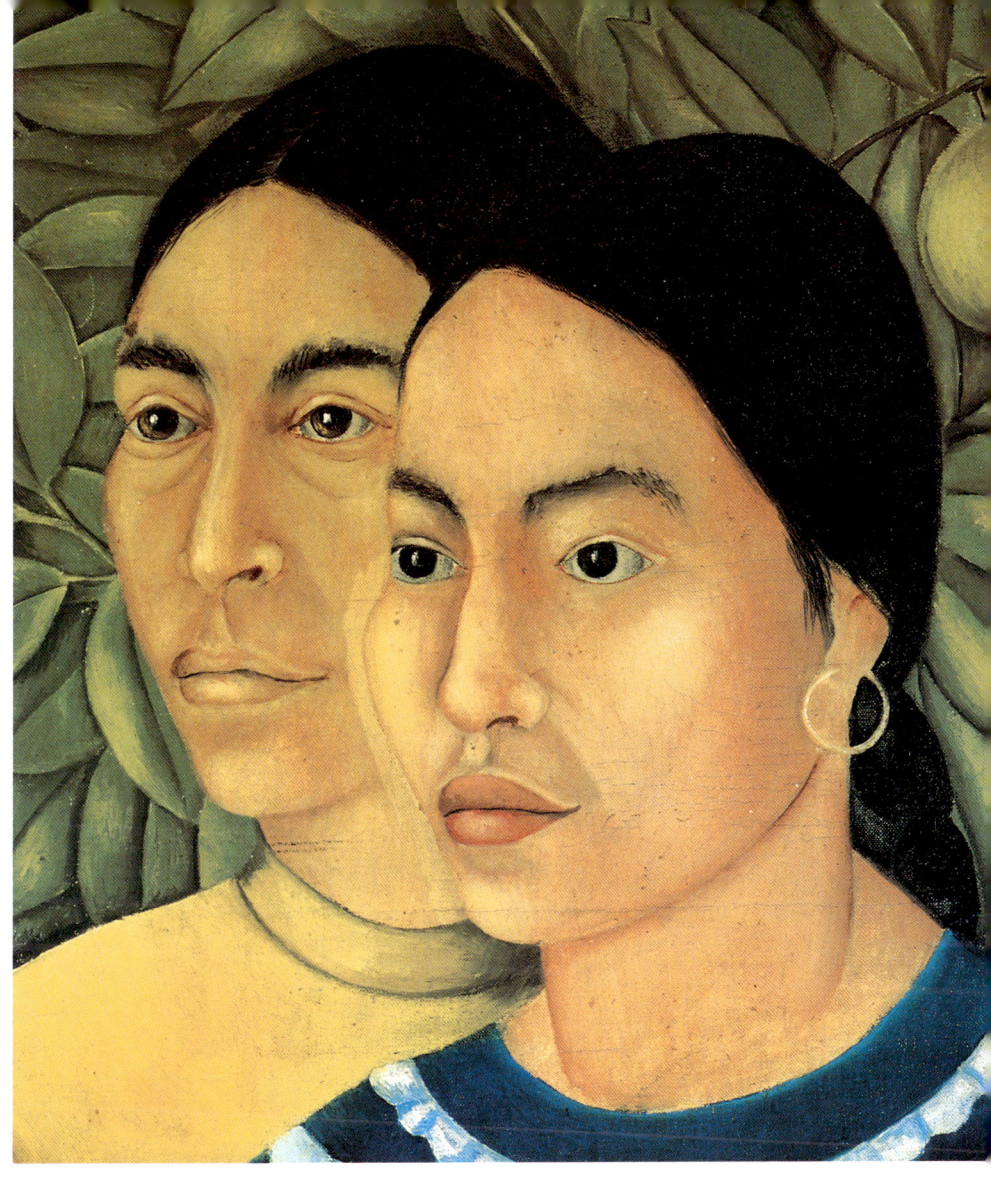

Dos mujeres *(detalle)*
1929, óleo sobre lienzo, 69 x 53 cm
Estados Unidos: Colección particular

Otra de las influencias experimentadas a través de su marido fue
su adhesión al grupo de artistas e intelectuales que abogaban
por un arte autóctono mexicano. Su intención era incluir un matiz
educativo en la representación de la historia nacional. Querían educar
a los analfabetos, no solo a través de la pintura mural, sino también
en pequeños paneles de carácter más privado. Había que revalorizar

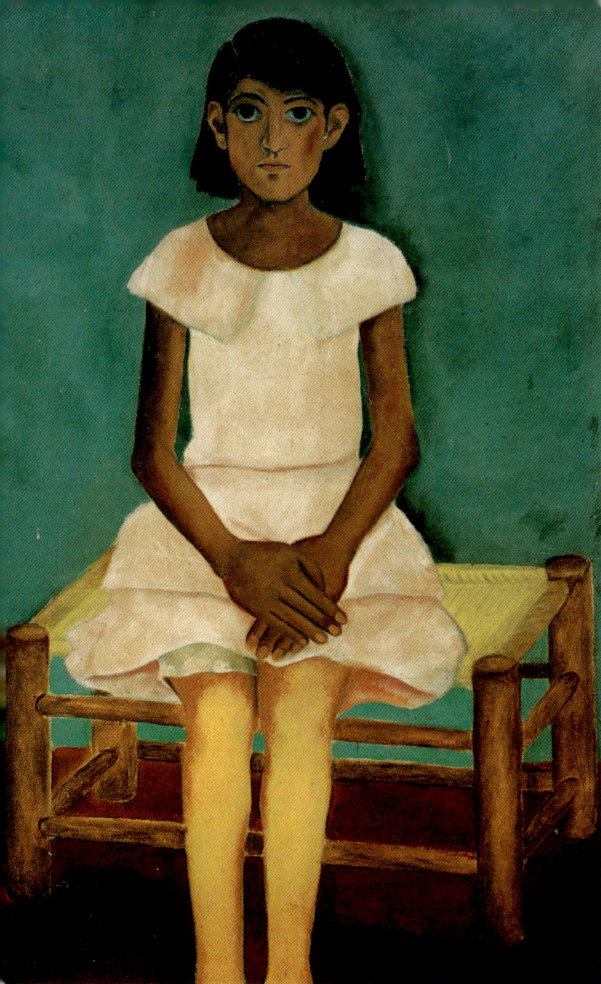

■ *Retrato de niña*
h. 1929, óleo sobre lienzo, 118 x 80 cm
Museo Frida Kahlo

los elementos del arte popular mexicano, y Frida aportó su grano de arena en sus autorretratos, especialmente en el subtitulado *El tiempo vuela,* donde se pintó con un sencillo ropaje, pendientes coloniales y un collar de jade, con la intención de rememorar las influencias culturales precolombinas y criollas.

En otros autorretratos escogió cuidadosamente los atributos que acompañaban a su imagen, y llevó la flora y la fauna mexicanas a sus exposiciones. Por otra parte, en obras como *El camión* abordó, al igual que Rivera, una temática social, con la representación de arquetipos de la sociedad mexicana.

Tuvo la ventaja, además, de que siempre contó con el apoyo de su marido, quien la animaba constantemente a pintar. Poco después de su matrimonio, Frida quedó embarazada, e hizo partícipe de la buena nueva a su esposo en la ciudad de Cuernavaca, lugar en el que él estaba pintando un mural en el Palacio de Cortés. Sin embargo, tres meses más tarde se le tuvo que practicar un aborto debido a que la malformación de la pelvis le impedía llevar a buen término la gestación.
En Cuernavaca, Rivera encontró tiempo para pintar el único desnudo que hizo de su esposa: un dibujo a lápiz de la joven desvistiéndose, sentada al borde de una cama.

PERIODO DE REFLEXIÓN

Entre 1930 y 1933, los compromisos profesionales de Diego llevaron al matrimonio a residir en Estados Unidos. El artista pintó unos murales en San Francisco, Detroit y Nueva York.

Por entonces, el progreso cultural mexicano despertaba en Estados Unidos un sincero interés que, desde un ángulo inverso, fue celebrado por los pintores mexicanos, atraídos por la oportunidad que les podía brindar el desarrollado mercado artístico del país vecino.

A su llegada a San Francisco, Diego no inició de modo inmediato las obras encargadas para la San Francisco Pacific Stock Exchange y la California School of Fine Arts (actual San Francisco Art Institute), de manera que aprovecharon aquella libertad para visitar la ciudad y sus alrededores.

Cuando, por fin, se centró en su trabajo, Frida continuó sola aquel vagabundear sin rumbo fijo. Al principio estaba encantada, y en las cenas a las que eran invitados solía llamar la atención tanto por su vestimenta como por su alegría y conversación. Cuando Edward Weston la vio por vez primera, escribió en su diario: «Qué contraste con Lupe, es tan delgada, parece una muñequita al lado de Diego, pero solo en apariencia, porque es fuerte y encantadora. No exhibe rastro

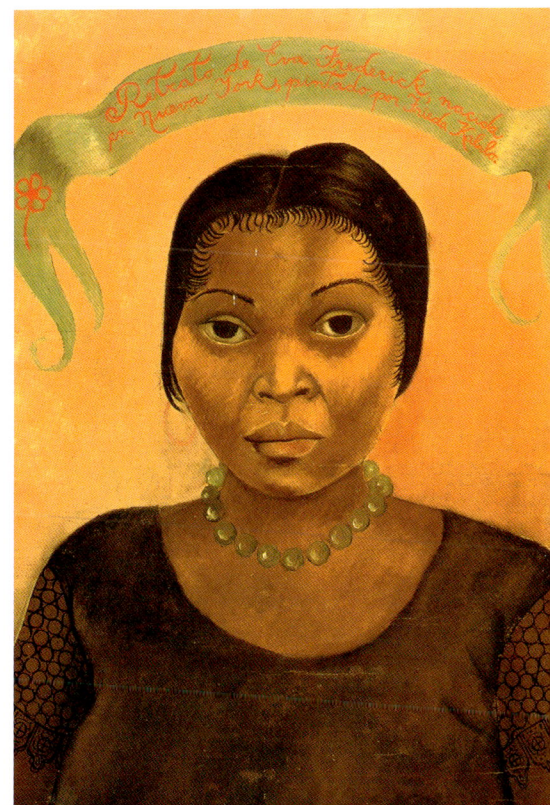

▪ *Retrato de Eva Frederick*
1931, óleo sobre lienzo, 63 x 46 cm
Museo Dolores Olmedo

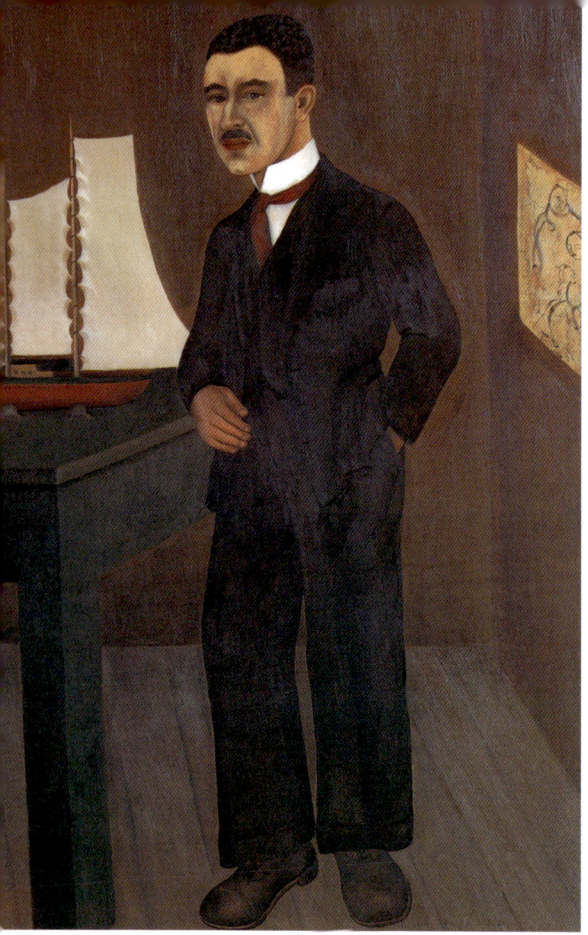

▪ Retrato del doctor Leo Eloesser
1931, óleo sobre fibra dura, 85,1 x 59,7 cm
San Francisco: University of California,
School of Medicine

de la sangre alemana de su padre. Vestida con un traje indio, incluidas las sandalias, causa sensación por las calles de San Francisco».

Pese al éxito social de su consorte, su marido no perdió la costumbre de aumentar su lista de amantes. Durante aquel periodo, la pierna derecha de Frida volvió a dolerle. Su dificultad para andar la llevó hasta el cirujano Leo Eloesser, jefe médico del San Francisco General Hospital y amigo de su marido desde 1926, con quien Frida inició una buena amistad; desde entonces la pintora siguió su dictamen y consejos. En señal de agradecimiento, la artista realizó el *Retrato del doctor Leo Eloesser*.

Debido a su inmovilidad, volvió a pintar con regularidad y, al margen del retrato del galeno, hizo el de varias otras personas (*Retrato de Luther Burbank, Retrato de Eva Frederick*). Uno de ellos fue el primero de una serie de retratos dobles de sí misma y su marido: el titulado *Frida Kahlo y Diego Rivera*, que realizó con toda probabilidad tomando como modelo la única foto de bodas de ambos. Su destinatario fue Albert Bender, un agente de seguros y coleccionista de arte que había adquirido en anteriores estancias en México algunas obras de Rivera. Su ayuda e influencias resultaron inestimables para obtener el visado de entrada a Estados Unidos, inicialmente vetado al pintor por su ideología comunista. En junio de 1931, una vez concluido el trabajo en San Francisco, Diego fue reclamado por el gobierno mexicano para continuar los murales del Palacio Nacional. La pareja regresó a México, se instaló en la Casa azul y acogió allí durante un tiempo al director de cine ruso Sergei Eisenstein, quien se encontraba en el país rodando *¡Que viva México!*, un proyecto ambicioso para referir en imágenes la historia de México. El fracaso financiero de la producción dio al traste con la idea, a pesar de que ya habían sido filmados más de 50.000 m de película. Durante aquel periodo, mientras daba inicio la construcción de su nueva vivienda en

■ **Frida Kahlo y Diego Rivera**
1931, óleo sobre lienzo, 100 x 79 cm
San Francisco: Museum of Modern Art

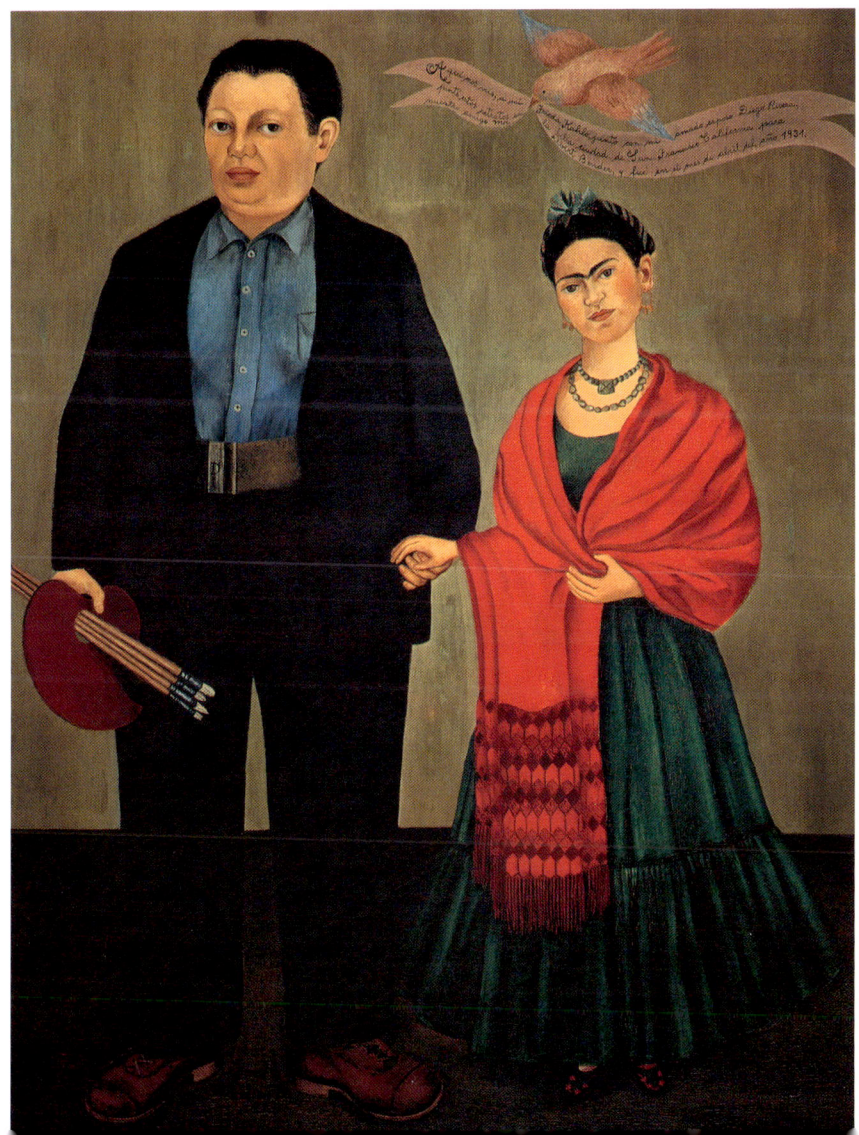

el barrio de San Ángel, Diego fue requerido por el Museum of Modern Art de Nueva York a través de Frances Flynn Payne, consejera artística de los Rockefeller, quien le propuso la organización de una retrospectiva sobre su obra. La noticia no pudo llegar en mejor momento, puesto que Rivera empezaba a añorar seriamente la vida del país vecino. Y hacia allí se embarcaron en el mes de noviembre; fueron recibidos en la bahía de Manhattan en medio de un pequeño tumulto. Los preparativos de la muestra absorbieron por completo a Diego, pero no estimularon a Frida, quien sentía nostalgia de México y pintó por entonces muy poco.

■ *Autorretrato en la frontera entre México y los Estados Unidos*
1932, óleo sobre metal, 31 x 35 cm
Nueva York: Colección Manuel y María Reyero

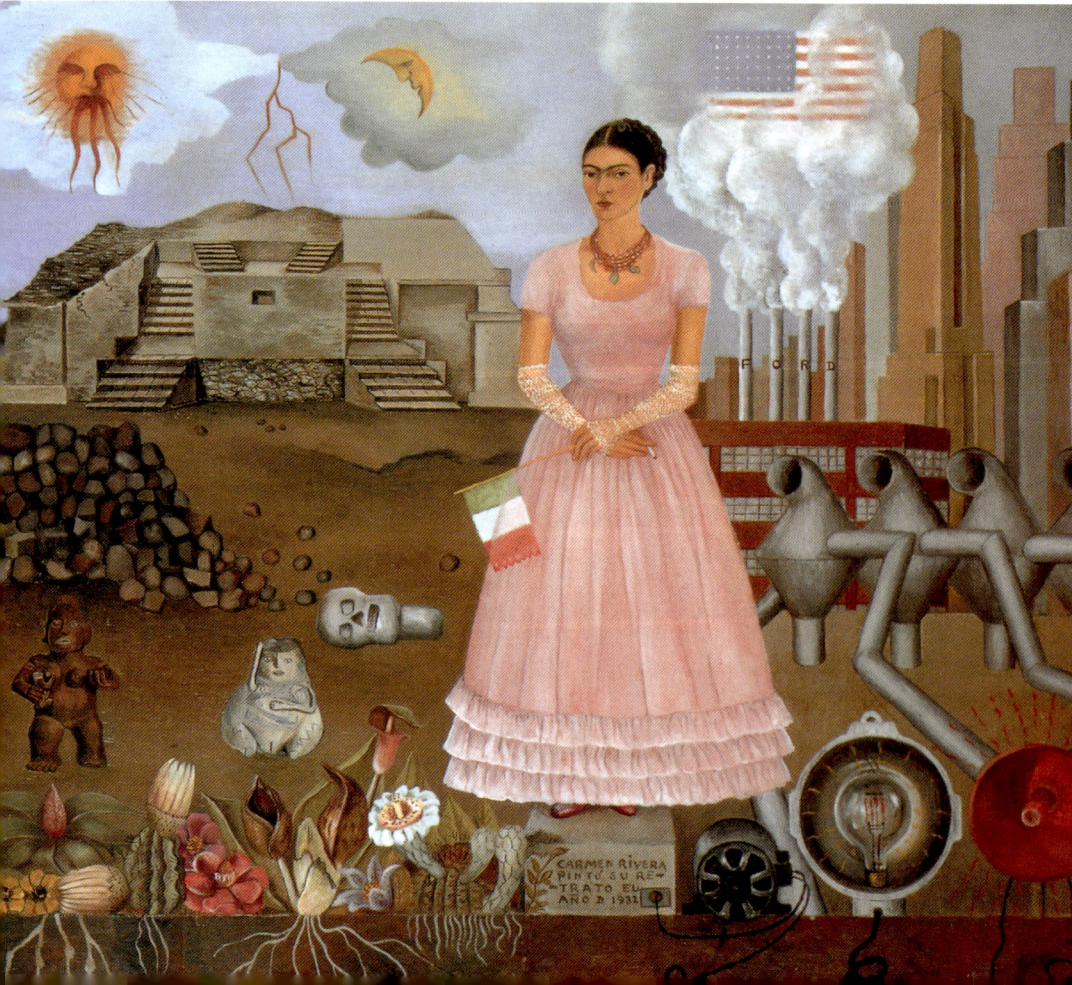

SINSABORES EN TORNO A LA MATERNIDAD

Por segunda vez, ella quedó embarazada y, alentada por el doctor Leo Eloesser, quien sabía de su fractura de pelvis, se puso desde el principio en manos de un médico del hospital Henry Ford.

Tras la inauguración de la exposición a finales de aquel año, ya en 1932 Diego y Frida llegaron a Detroit, ciudad a la que él había sido invitado para realizar un mural en el Detroit Institute of Arts.

En el hospital Henry Ford no se consideró arriesgado que el embarazo siguiera adelante, siempre y cuando descansase durante aquel tiempo y tuviera al niño por cesárea.

A medida que avanzaba la gestación empezó a tener hemorragias y mareos, por lo cual se le aconsejó más reposo. Frida obedeció, pero sabía que solo pintando lograría canalizar todas las ideas y sensaciones que hervían en su cabeza. Así surgió *Autorretrato en la frontera entre México y los Estados Unidos,* obra en la que, ataviada con un elegante vestido rosa y sosteniendo una banderita mexicana en la mano izquierda y un cigarrillo en la derecha, se yergue como una estatua sobre un pedestal ante un mundo dividido en dos: el mundo mexicano, lleno de historia y de vitalidad, y el mundo estadounidense, muerto y dominado por la técnica.

A pesar de su admiración por el progreso industrial de Estados Unidos, desde su estancia en San Francisco había confesado por carta a una amiga de México: «No me gusta nada el "gringuerío"; son gente muy aburrida y todos tienen caras que parecen pasteles mal cocidos (sobre todo las viejas)... No me atrevo a hablarte siquiera de mi inglés, parezco una atrasada». Y así renegaba en una carta dirigida a su amigo el doctor Eloesser: «La High Society de aquí me saca de quicio y me sublevan todos estos tipos ricos, pues he visto a miles de personas en la peor de las miserias, sin lo mínimo para comer y sin un lugar donde dormir; eso es lo que más me ha impresionado; es espantoso ver a estos ricos que celebran fiestas de día y de noche, mientras miles y más miles de personas mueren de hambre... Aunque me interesa mucho todo este progreso industrial y mecánico de USA, encuentro que los americanos carecen de toda sensibilidad y sentido del decoro. Viven como en un enorme gallinero sucio e incómodo. Las casas parecen hornos de pan y el tan traído y llevado confort no es más que un mito».

Tuvo que enfrentarse, además, a la disyuntiva psicológica que suponía la actitud negativa de Diego ante su embarazo, con todo lo que aquello implicaría para su relación.

Pero la naturaleza siguió su curso y, a principios de julio, un aborto natural acabó con sus ilusiones. Durante su convalecencia en el hospital, la artista comenzó a expresar aquella traumática experiencia en una serie de esbozos que, posteriormente, le servirían como modelo para el óleo *Henry Ford Hospital o La cama volando*, cuadro en el que plasmó metafóricamente toda la soledad y el desamparo que le embargaban con un inhóspito paisaje industrial como fondo ante el que la cama de la enferma parece levitar.

A la derecha de la obra flota un caracol que, según declaraciones de la propia Kahlo, alude a la lentitud del aborto. También lo representó en lienzos posteriores como emblema de la vida y el sexo. Las culturas indias lo consideran, debido a su caparazón protector, símbolo de la concepción, el embarazo y el parto; en otras palabras, el embrión de una nueva vida que viene al mundo. En su conjunto, Frida extrajo de su contexto elementos con fuerte carga expresiva y los compuso según nuevas reglas inventadas por ella. Estableció así un paralelismo con los exvotos mexicanos, de los que poseía una gran colección, tanto a nivel temático como en estilo pictórico, dimensiones y material. Ello resulta evidente, como en muchos otros de sus cuadros, en la combinación de hechos biográficos y elementos fantásticos. Al igual que los pintores profanos de los exvotos, la artista no pintó su realidad tal como era, sino como la sentía.

Al margen de aquella decepción, Frida tuvo que soportar el dolor que le causó la pérdida de su madre. Un telegrama recibido desde México a principios de septiembre la alertó de la inminente desgracia.

Acompañada de su amiga Lucienne Bloch, que trabajaba de asistente de Diego Rivera, decidió trasladarse a su país, para lo cual empleó cuatro días de viaje entre tren y autobús, ante la imposibilidad de cubrir el recorrido en avión. Poco después de su llegada, su madre moría, y ella decidió quedarse más de un mes en México para reconfortar a su padre y recibir, a su vez, el cariño de sus hermanas. Pero Diego estaba al otro lado de la frontera, y el 21 de octubre ella se hallaba de nuevo en Detroit, después de un viaje tan largo y agotador como el de ida. A su regreso, decidió que lo mejor que podía hacer era empezar enseguida a trabajar y, como para desafiar la tristeza causada por su aborto, pintó *Mi nacimiento*, obra en la que una mujer acostada, con la parte superior del tronco cubierta por una sábana (como los muertos, en alusión a su propia madre) y las piernas abiertas, da a luz a un niño cuya cabeza de ojos cerrados (igual asimismo que un muerto) sale de su cuerpo sobre una cama manchada de sangre.

▪ *Henry Ford Hospital o La cama volando*
1932, óleo sobre metal, 30,5 x 38 cm
Ciudad de México: Museo Dolores Olmedo

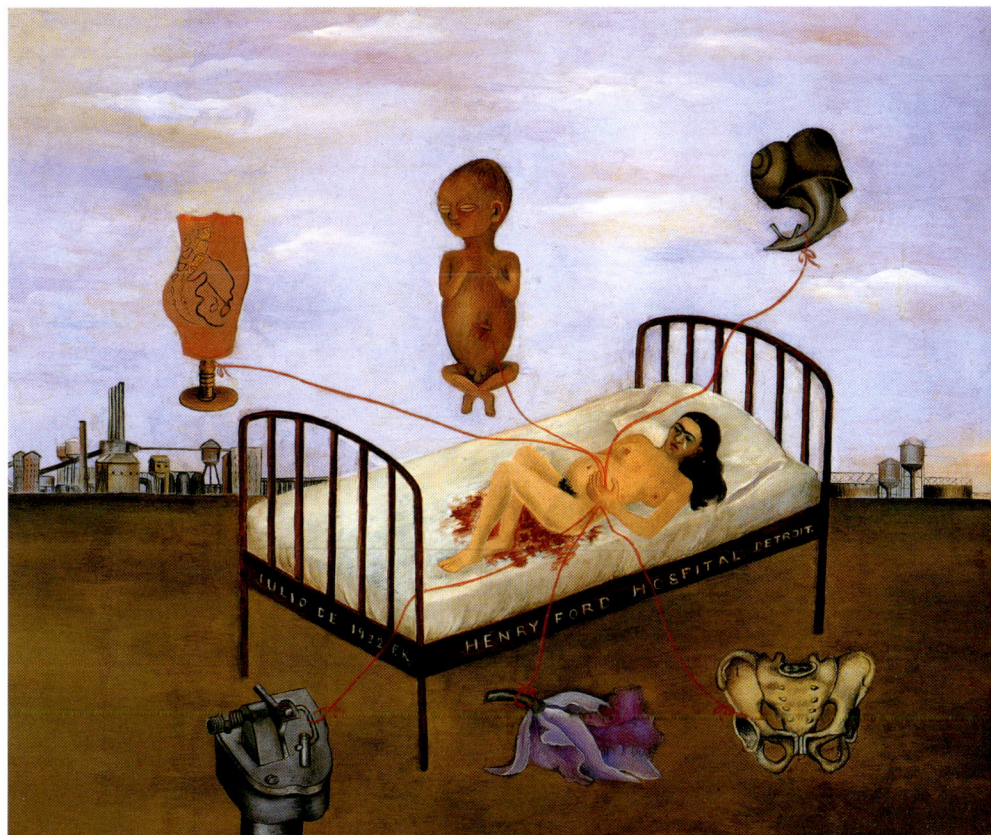

El peso de la nostalgia y del desengaño

En marzo de 1933, una vez finalizado el trabajo, la pareja Rivera-Kahlo abandonó Detroit y se instaló de nuevo en Nueva York, ciudad en la que el artista fue solicitado para realizar un mural en el prestigioso Rockefeller Center de Manhattan.

La vida neoyorquina no beneficiaba el trabajo de Frida. Tenía ganas de divertirse, tras los duros meses transcurridos entre Detroit y México, y la muerte de su madre. Visitaba a los amigos, frecuentaba a pintores, se paseaba por Greenwich Village o se quedaba simplemente en casa leyendo. No obstante, después de casi tres años de ausencia, empezaba a sentir una acusada nostalgia de su país. Esa desazón comportó algunas discusiones con su marido, quien por el contrario seguía fascinado por Estados Unidos. Como reacción, Frida dio rienda suelta a sus sentimientos en el cuadro *Allá cuelga mi vestido* o *Nueva York*, donde la pintora logró

■ ***Allá cuelga mi vestido* o *Nueva York***
1933, óleo y collage sobre fibra dura, 46 x 50 cm
San Francisco: Hoover Gallery

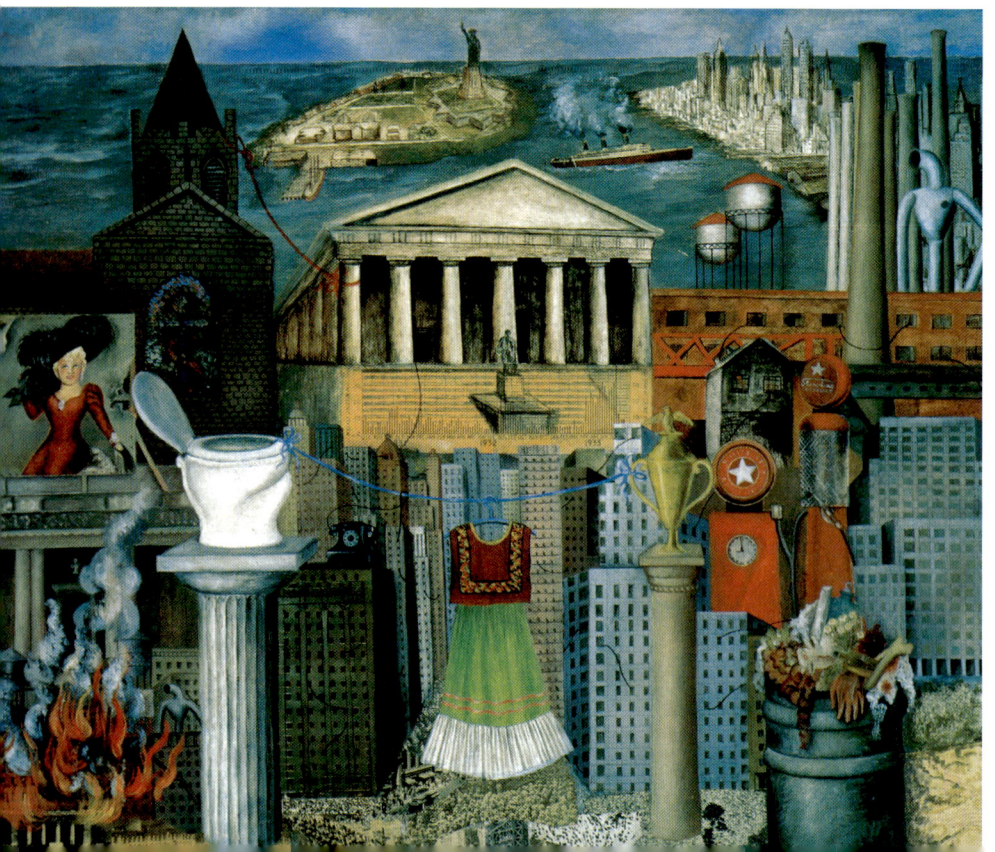

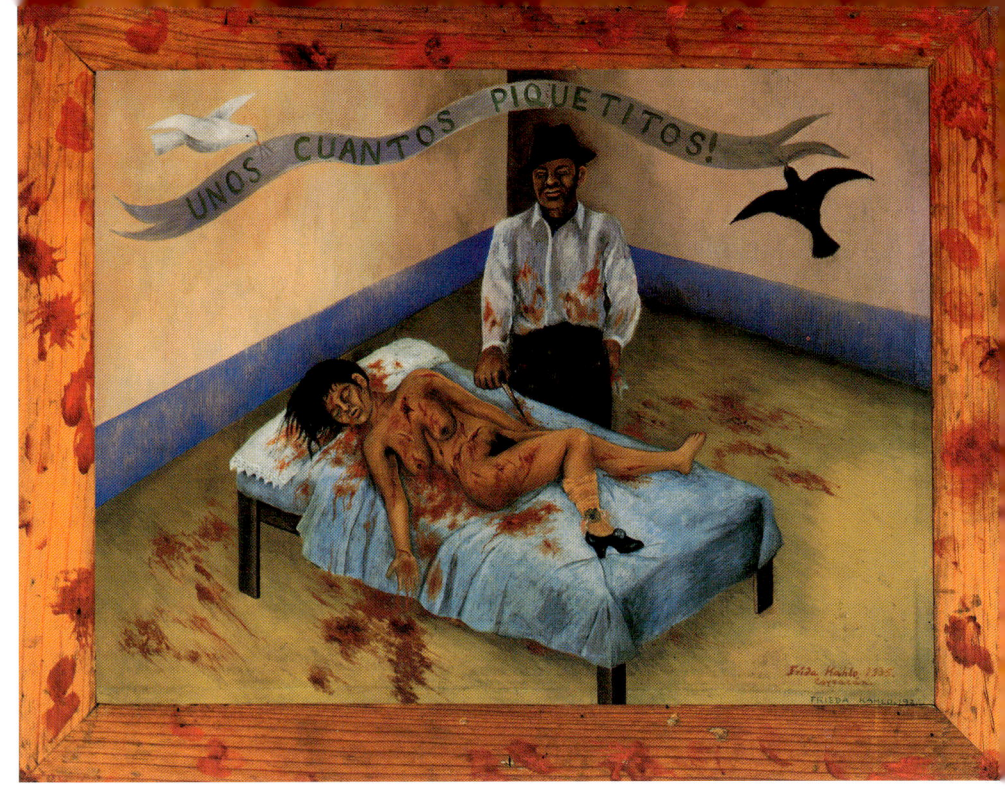

■ *Unos cuantos piquetitos*
1935, óleo sobre metal, 38 x 48,5 cm
Ciudad de México: Museo Dolores Olmedo

un irónico retrato del capitalismo estadounidense, en el que expresó a través de los símbolos de la moderna sociedad industrial su decadencia y la destrucción de los valores humanos.

No obstante, su anhelo por regresar se vio satisfecho antes de lo que ella esperaba, pues Rivera tuvo serios problemas con sus mecenas por su obstinación en representar el retrato de Lenin en su obra y fue exonerado del encargo. La polémica entre comunismo y anticomunismo alcanzó tales dimensiones que un contrato que Diego tenía apalabrado con Chicago fue directamente anulado.

Una vez en México (1934), tras una escala en La Habana, el matrimonio pudo ya instalarse en su nueva vivienda de San Ángel, construida por Juan O'Gorman, arquitecto y pintor amigo de Diego. La casa estaba formada por dos compartimentos, uno pequeño, de color azul, donde habitaba Frida, y otro más grande, de color rosa, donde Diego instaló un amplio estudio. Se podía acceder de uno al otro a través de un pequeño

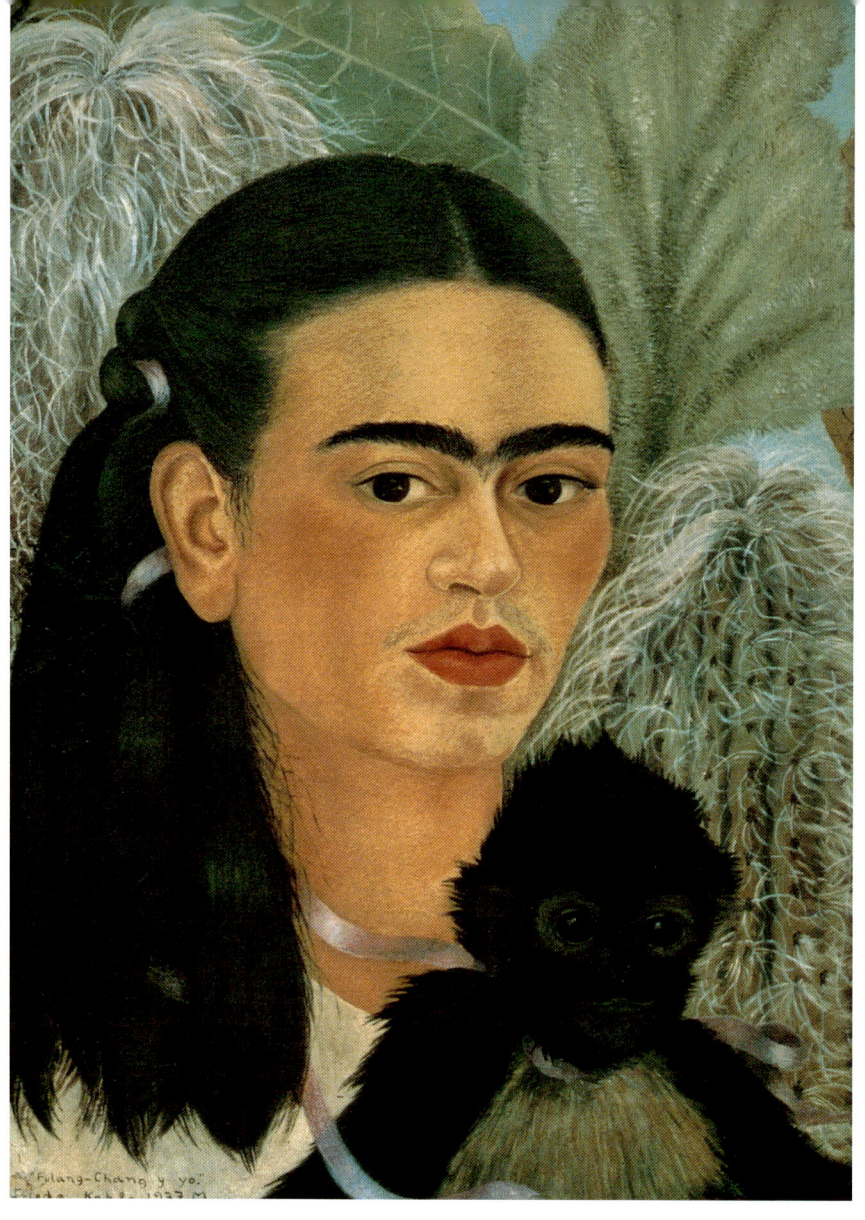

■ *Fulang-Chang y yo*
1937, óleo sobre masonite, 40 x 28 cm
Nueva York: Museum of Modern Art

puente. Era de esperar que, de nuevo en su tierra, y con una residencia por estrenar, Frida recuperase el tiempo que no dedicó a su pintura, pero duros contratiempos en su estado de salud, además de un nuevo aborto en el que se le diagnosticó infantilismo de los ovarios, la obligaron a ser internada otra vez en el hospital. Fue operada primero de apendicitis y, después, del pie derecho. Por entonces, el proceso de desfiguración de su cuerpo era ya constante, y ello habría de influir en su pintura.

Al dolor físico se le sumó, además, el daño moral, puesto que por esa época supo la artista de la nueva relación que Diego había iniciado con su hermana Cristina. Profundamente herida por aquella situación, a principios de 1935 abandonó Frida la casa común y se instaló en un apartamento en el centro de Ciudad de México. Incluso visitó al ya abogado Manuel González Ramírez, uno de los antiguos camaradas Cachuchas, con el objeto de tramitar el divorcio.

Ante este mar de fondo, no resulta extraño que la artista exteriorizase sus sentimientos en cuadros como *Unos cuantos piquetitos*, conmovedora plasmación pictórica de un reportaje periodístico sobre el asesinato por celos de una mujer a manos de su amante. En esta pintura, las heridas causadas por la fuerza brutal masculina parecen sustitutos de la vulnerabilidad emocional de Frida. Ella misma señaló: «¿Acaso esa mujer asesinada no era yo, a quien Diego asesinaba cada día? ¿O era la otra, la mujer con la que Diego podía encontrarse, a la que yo deseaba ver muerta? Sentía en mí una fuerte dosis de violencia, no puedo negarlo, hacía lo que podía. Me sentía como una pequeña Artemisa Gentileschi que pintaba, en el siglo XVII, a Judit degollando a Holofernes, sin jamás, en el fondo, poder vengarse de la realidad que la había violado a ella, más que a través de un cuadro». Al identificarse con la víctima de aquel crimen, Frida expresó la angustia que le produjo la situación provocada por el amor de su marido hacia su hermana.

A modo de huida, y cansada de la situación, Frida decidió viajar aquel verano a Nueva York. Allí vivió cerca de Washington Square con su amiga la pianista Mary Schapiro, hermana del historiador de arte Meyer Schapiro. Pero la distancia no implicó el olvido, y mantuvo pese a todo el contacto con Rivera. Durante aquel periodo, abandonó su vestimenta mexicana, sus joyas, sus peinados con cintas, e incluso se hizo un retrato con su nuevo aspecto con cabello corto. A su regreso conoció al escultor japonés Isamu Noguchi, con quien vivió una aventura amorosa que el propio Diego se encargó de finiquitar. La relación del pintor con Cristina había finalizado, pero jamás tuvo éste la intención de abandonar sus flirteos, ni de permitir, si podía evitarlo, los de su esposa. En un famoso pasaje de su autobiografía, él mismo señaló: «Cuanto más amaba a una mujer, más necesitaba herirla. Frida fue la víctima más evidente de esa deplorable actitud».

Pero Kahlo había decidido que, desde entonces, daría rienda suelta a una sexualidad en la que las mujeres tenían cada vez más protagonismo. Ello fue motivo de diversos cuadros, entre los que destaca *Dos desnudos en un bosque*, también conocido como *La tierra misma,* o *Mi nana y yo*, que regaló a su amiga Dolores del Río, actriz cinematográfica que pasó por el lecho de ambos consortes. A Diego no le importaba que Frida tuviera escarceos con mujeres, puesto que encontraba interesantes las relaciones lesbianas. Su proximidad llevó a Frida a retomar las antiguas costumbres en su indumentaria, dar marcha atrás con la idea del divorcio y hacer de la bebida un hábito cada vez más frecuente.

■ *Cuatro habitantes de Ciudad de México*
1937, óleo sobre masonite, 31,4 x 47,9 cm
California: Colección particular

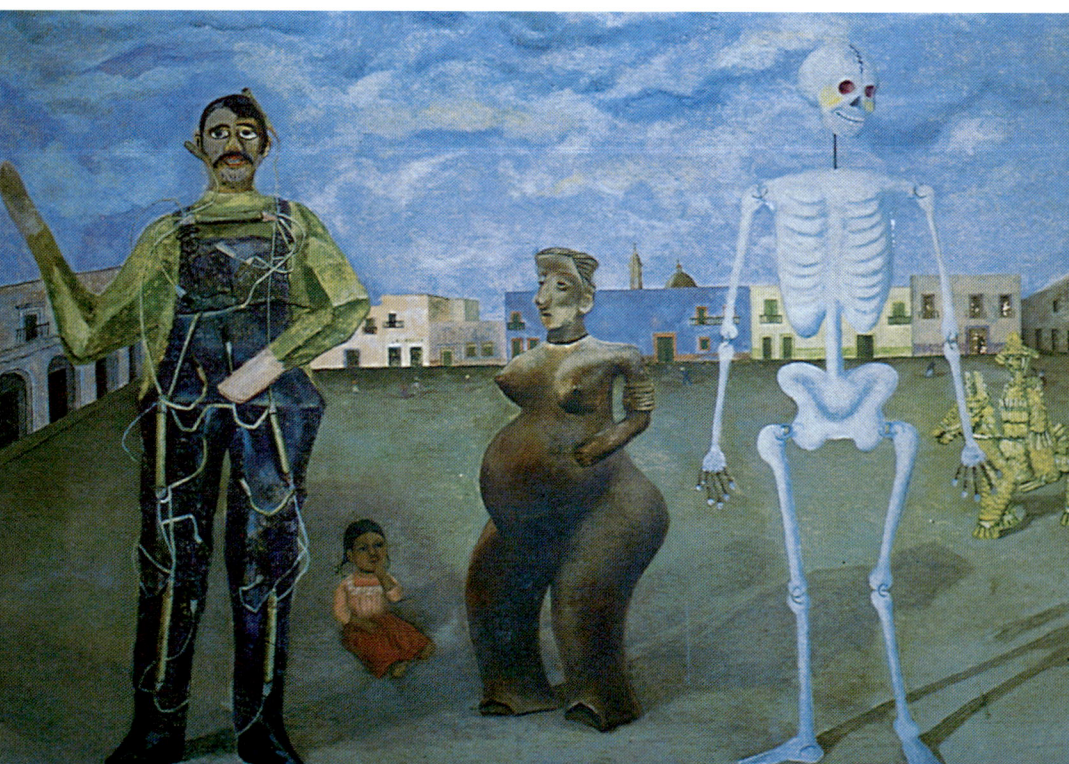

UN TRIÁNGULO AMOROSO Y ARTÍSTICO

El año 1936 significó para Frida tanto la reanudación de sus actividades políticas como nuevas alteraciones en su estado de salud.

En el primer campo, el gobierno del entonces presidente Lázaro Cárdenas favoreció en México un clima de libre expresión, ante el cual Rivera, atacado por los comunistas, demostró un cierto desencanto, mientras que Frida se incorporó a la lucha por la defensa de la República española.

Ayudó de la forma más activa que pudo, debido a que fue operada por tercera vez del pie derecho, y la columna vertebral seguía produciéndole grandes malestares.

Se dolía, aunque, lejos de hundirse, aquel sufrimiento le aportó un gran aliento vital y reforzó su carácter. Con el paso de los años, había conseguido abrirse camino por sí misma, y no tan solo por la notoriedad que le había proporcionado el matrimonio con Rivera. Pese a ello, su actividad artística se vio resentida durante largos periodos, porque su delicada salud no le permitía dedicarse a la pintura con regularidad.

A pesar de sus breves visitas a la Casa azul, el inmueble permanecía en el corazón de la pintora. Cristina volvió poco a poco a ser su mejor amiga, pero el dolor que le había causado la infidelidad de su marido con ella quedó plasmado en *Recuerdo o El corazón*.

También realizó por entonces *El difuntito Dimas,* en el que aparece un niño de unos tres años que yace sobre un petate vestido de San José el día de su velatorio. El tema formaba parte del repertorio iconográfico mexicano desde la época virreinal y evocaba aquellos exvotos que la artista iba coleccionando.

Entrar en contacto de nuevo con la política activa fue, en cierta manera, un modo de acercarse una vez más a Rivera, quien desde hacía algún tiempo había empezado a manifestar fervientes simpatías por la

IV Internacional y la Liga Trotskista. Aquel mismo año, la pareja solicitó al gobierno mexicano el asilo político para León Trotsky. De la Unión Soviética a México, pasando por Turquía, Noruega y Francia, la vida de aquel líder revolucionario y su mujer había sido un largo y difícil camino desde 1929, año en que fueron expulsados de su país por Stalin. El presidente Lázaro Cárdenas dio su conformidad a la solicitud y, el 9 de enero de 1937, los Trotsky llegaban al puerto de Tampico, donde Frida y algunos camaradas acudieron a recibirles.

León y Natalia Trotsky se instalaron gustosamente en la Casa azul de Coyoacán, inmueble que para su seguridad fue acondicionado prácticamente como un búnker.

El propio Guillermo ya no vivía al parecer allí, sino en casa de una de sus hijas, y solo mantenía en la antigua vivienda una habitación para sus trabajos fotográficos. Poco a poco, se fue organizando en torno a aquel matrimonio el quehacer político, con diferentes actividades. Trotsky se abocó a la tarea junto con sus secretarios Jean van Heijenoort, el estadounidense Bernard Wolfe y la dactilógrafa rusa Rita Jakolevna.

Un mes después, solicitó la formación de una comisión investigadora internacional que examinara las acusaciones lanzadas contra él y su hijo mayor León Sedov en los procesos de Moscú, por lo cual una subcomisión se desplazó hasta México para escuchar su declaración e interrogarlo. Las audiencias se realizaron del 10 al 17 de abril en el salón de la casa, acondicionada para aquel evento con 40 asientos para periodistas y público, que ocasionaron problemas de seguridad.

Fruto de la relación de amistad que se había establecido entre Trotsky y Frida Kahlo surgió una corta historia amorosa, que terminó en julio de aquel mismo año. Muy astutamente, ella lo había utilizado para vengarse de su marido y, después, lo abandonó.

André Breton y su esposa Jacqueline habían llegado a México en abril de 1938 con la intención de permanecer en el país durante varios meses. Enviado por el Ministerio de Asuntos Exteriores, el poeta tenía como misión dar una serie de conferencias, y se alojaron primero en casa de Lupe Marín y, durante una temporada más larga, en la vivienda de San Ángel, residencia por entonces del matrimonio Rivera. André simpatizaba con la Liga Trotskista y tuvo por ello la oportunidad de reunirse con Rivera y Trotsky en Coyoacán, donde discutieron varias veces sobre política y arte. El líder revolucionario ruso planeó con el francés la creación de una federación internacional de artistas y escritores revolucionarios en contra de las organizaciones estalinistas, fruto de la cual surgió el *Manifiesto por un arte revolucionario independiente* que le entregó, en su último encuentro, en el patio de la Casa azul.

Pese a que Frida encontró a Breton arrogante, aburrido y demasiado teórico en sus concepciones artísticas, gracias a su ayuda consiguió aquel mismo año exponer en el extranjero. Para él, México era la esencia del surrealismo, e interpretaba los trabajos de Frida Kahlo también como surrealistas. Esta etiqueta a su trayectoria es uno de los errores más frecuentes adoptados por el gran público respecto a la clasificación y entendimiento de su obra. Para reflejar el error, basta citar las propias palabras de Frida: «Pensaron que yo era surrealista, pero no lo fui. Nunca pinté mis sueños, solo pinté mi propia realidad». La diferencia entre su arte y el de los surrealistas quedó expresada en un artículo publicado en la revista *Vogue* por Bertram Wolfe tras aquella exposición: «Aunque André Breton [...] le dijera que ella es una surrealista, no fue siguiendo los métodos de esta escuela como ella logró su estilo [...]. Completamente libre de los símbolos freudianos y de la filosofía que parece poseer a los surrealistas, su estilo es una especie de surrealismo "ingenuo" que ella creó para sí misma [...]».

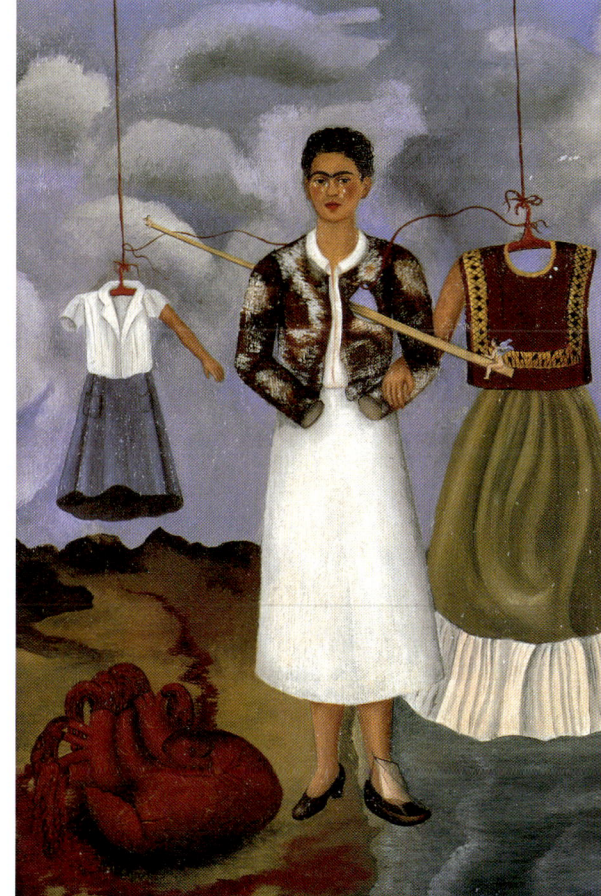

■ *Recuerdo o El corazón*
1937, óleo sobre metal, 40 x 28 cm
París: Colección Michel Petitjean

ABRIENDO PUERTAS, CERRANDO HERIDAS

A principios de octubre de 1938, Frida Kahlo se trasladó a Estados Unidos para preparar su primera exposición individual en la galería de Julien Levy en Nueva York.

Se enfrentaba ahora a un nuevo reto, puesto que con anterioridad tan solo había tenido la oportunidad de participar en algunas muestras colectivas. Sus relaciones con Diego no pasaban por el mejor momento, pero incluso así, éste se volcó a fin de que todo estuviese perfecto para su esposa. La puso en contacto con gente importante y le ayudó, incluso, a redactar la lista de invitados para la inauguración. A su vez, la galería realizó una gran campaña publicitaria, equiparable a la de una estrella de cine, mientras que varios artículos periodísticos y un anuncio en la revista

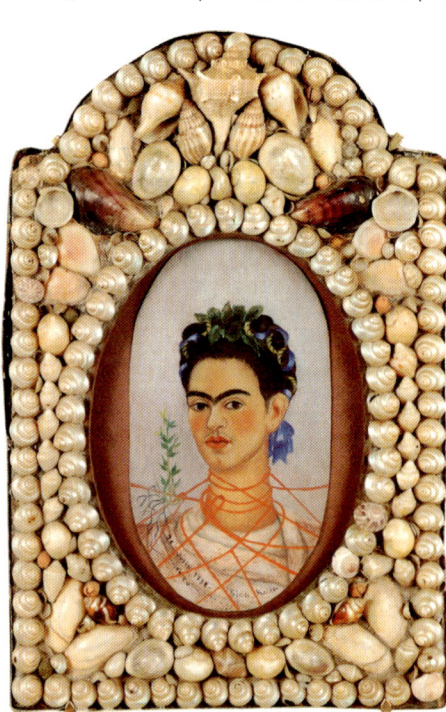

Vogue aportaron su granito de arena. Su imagen estaba por doquier, fotografiada ante distintas obras. Una de éstas era *Lo que vi en el agua o Lo que me dio el agua*, lienzo en el que la artista mexicana desarrolló como nunca un lenguaje pictórico propio y recurrió a múltiples elementos de otros trabajos. Para ella, significó un gran descubrimiento saber que existían personas interesadas en su pintura.

■ **Autorretrato**
1938, óleo sobre lámina, 12 x 7 cm
Zaragoza: Museo de Zaragoza

Frida hasta entonces se había dedicado a su afición sin pensar en un hipotético público. Así se lo demostró durante aquel verano el actor estadounidense Edward G. Robinson, a quien Diego le vendió cuatro lienzos de su esposa al precio de 200 dólares cada uno. Para Frida, aquella venta fue algo sorprendente en su vida, pero saboreó por primera vez el dulce placer de sentirse independiente económicamente.

Su presencia en Nueva York se convirtió en un acontecimiento social, y la exposición, abierta del 1 al 14 de noviembre, se saldó con un buen balance comercial. A pesar de su salud precaria, la noche de la inauguración su moral

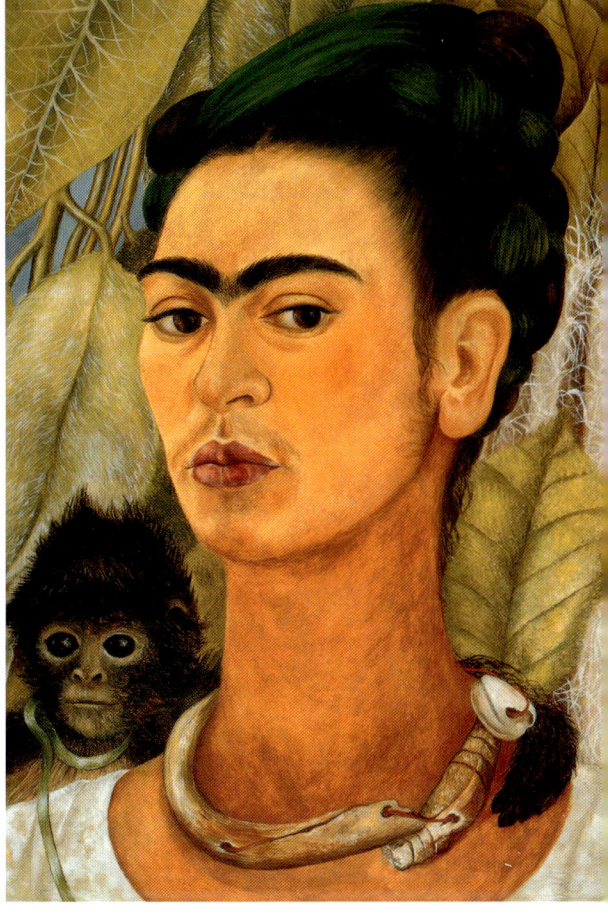

▪ *Autorretrato con mono o Autorretrato con changuito y collar de serpientes*
1938, óleo sobre fibra dura, 40,6 x 30,5 cm
Buffalo: Albright-Knox Art Gallery

estaba lo suficientemente motivada como para poner un especial cuidado en su indumentaria, sabedora de que iba a encontrarse con la flor y nata de la sociedad neoyorquina.

La presentación del catálogo corrió a cargo de André Breton; el hecho de que estuviera redactado en francés suscitó ciertas críticas. De las 25 obras expuestas, fueron vendidas la mitad, y la artista obtuvo, además, encargos de algunos de los visitantes, como por ejemplo de A. Conger Goodyear, entonces presidente del Museum of Modern Art de Nueva York. Éste se había entusiasmado con el cuadro *Fulang-Chang y yo,* pero la artista ya se lo había regalado a su amiga Mary Schapiro. Por ello, le encargó la ejecución de una obra parecida para él, cuyo resultado fue al final un sorprendente *Autorretrato con mono.*

Tampoco desaprovechó Frida la ocasión de conocer a nuevas personas, e inició una aventura amorosa con el fotógrafo estadounidense, de origen húngaro, Nickolas Muray. Lo había conocido en México y era autor de una de las fotografías más famosas que se conocen de la pintora. Ella se abandonó a aquella relación con gran pasión y naturalidad, pese a lo cual siguió manteniendo contacto con su esposo. Sabía que su afecto por él era inquebrantable, pero ello no le impedía amar intensamente a otros hombres y mujeres. A pesar de las infidelidades, ella siempre sostuvo: «Ser la mujer de Diego es la cosa más maravillosa del mundo. Yo le dejo jugar al matrimonio con otras mujeres. Diego no es el marido de nadie y nunca lo será, pero es un gran compañero». Por otro lado, también decía: «Sufrí dos graves accidentes en mi vida... Uno en el cual un tranvía me arrolló, y el segundo fue Diego».». Este tipo de contradicciones ilustran la relación turbulenta que siempre mantuvo la pareja de artistas.

Durante su estancia en Nueva York, Frida asistió a una fiesta organizada por su amiga Dorothy Hale, una actriz y corista a la que había conocido en México. Casada con Gardiner Hale, un pintor de retratos de la clase alta, su fallecimiento en un accidente automovilístico dejó inmersa a la desafortunada actriz en grandes dificultades económicas.

Dorothy no podía mantener en modo alguno los exagerados derroches pecuniarios que sostenía en vida de su difunto esposo, y se mantenía con los piadosos favores monetarios de sus amigos. En sus intentos por encontrar trabajo, a sus 33 años la consideraban demasiado vieja para una carrera profesional. Acostumbrada a una vida fácil y al dinero, decidió suicidarse, no sin antes celebrar por todo lo alto su despedida anunciando a sus más allegados que «iba a dar inicio a un largo viaje». Aquella noche, Frida Kahlo se retiró pronto, porque (circunstancias del destino) al día siguiente tenía que empezar un retrato de la propia Dorothy. Sin embargo, la noticia de su muerte le llegó antes de que tuviera tiempo de poner siquiera a punto su paleta de colores.

Pese a tan desgraciado suceso, Clare Boothe Luce, la editora de la revista de moda *Vanity Fair*, le pidió a Frida que pintara igualmente el retrato de Dorothy Hale. Quería regalar el cuadro a la madre de Dorothy para que tuviese un bello recuerdo de su hija, aunque, según otras versiones, fue la propia artista la que se ofreció a llevar a cabo la obra. El resultado no fue para la editora el esperado: Frida había optado en su pintura por una

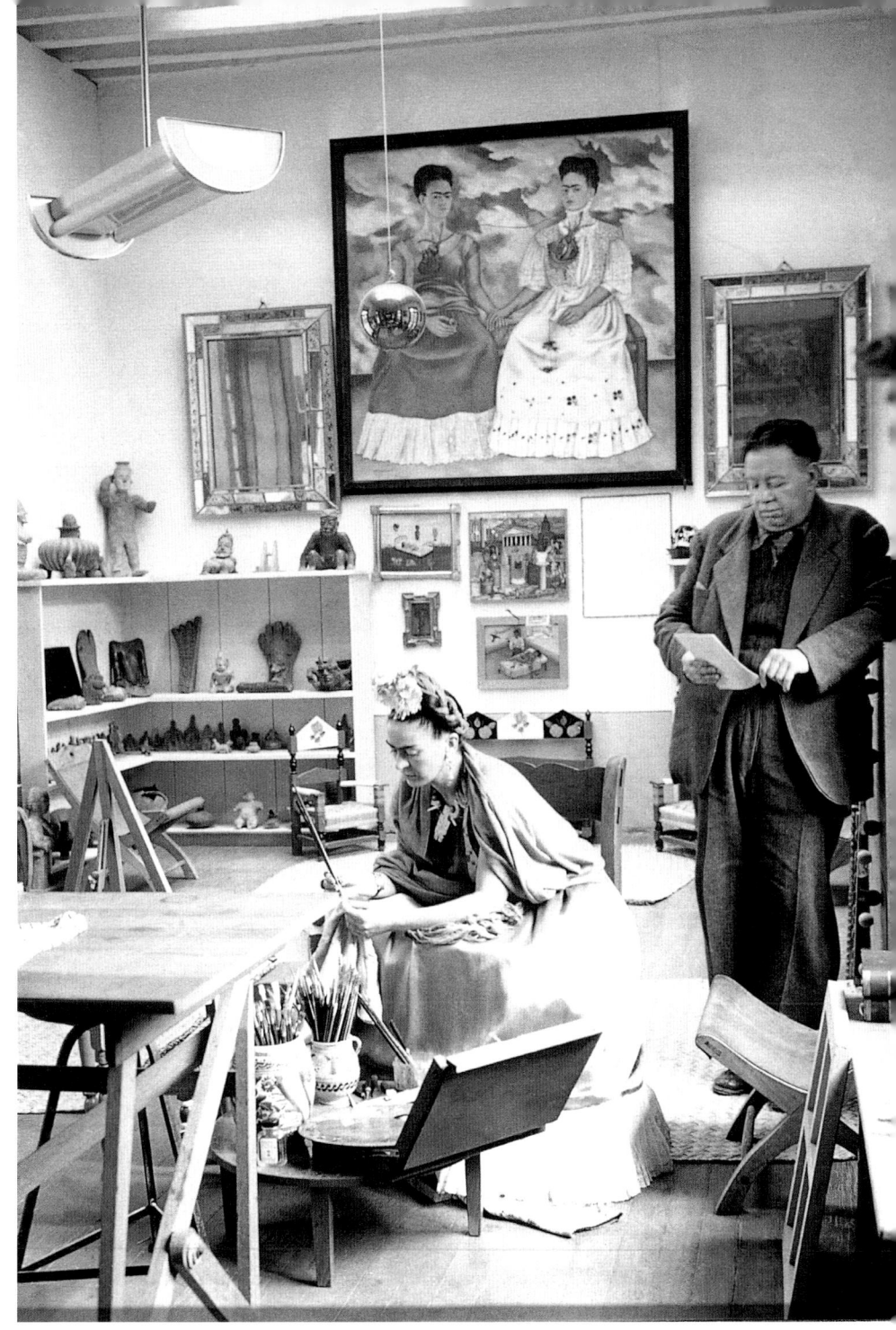

■ **Frida Kahlo y Diego Rivera**
Fotografía

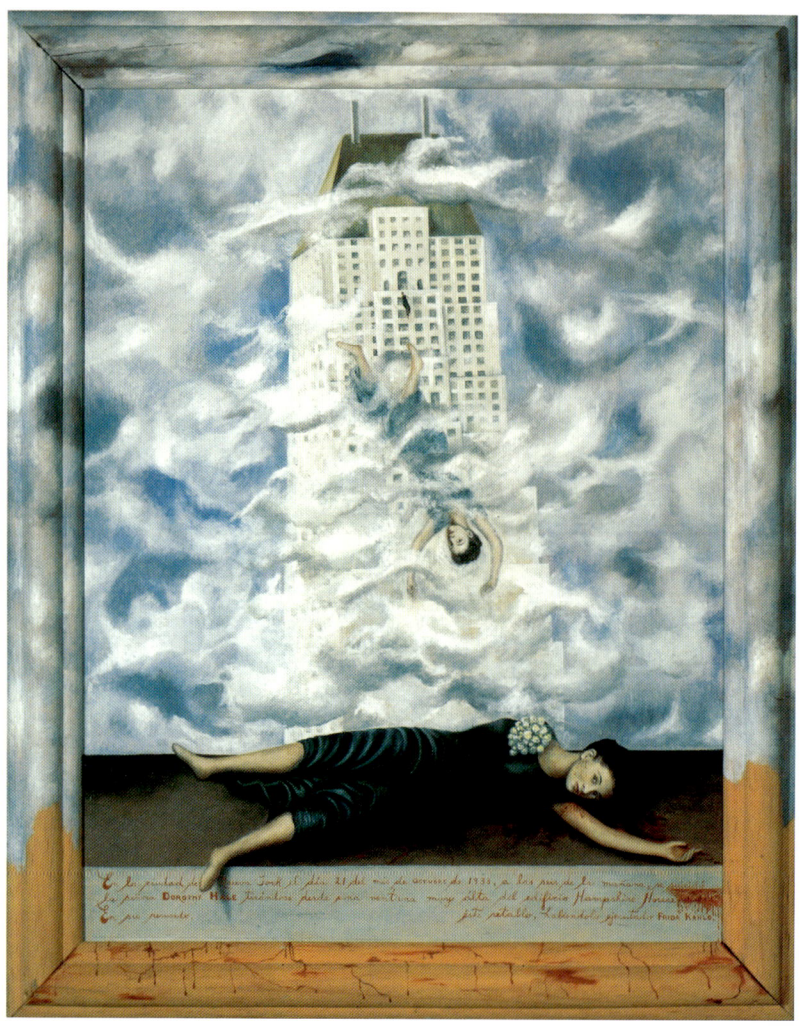

■ *El suicidio de Dorothy Hale*
1938-1939, óleo sobre fibra dura con marco pintado, 60,4 x 48,6 cm
Phoenix: Art Museum

versión cruel y había escenificado el suicidio en las diferentes fases de la caída desde lo alto del lujoso edificio de apartamentos de Hampshire House.

Cuando Clare Boothe vio el lienzo, su primera tentación fue destruirlo: «Nunca olvidaré el susto que me llevé cuando saqué el cuadro de la caja. Me sentía psíquicamente enferma. ¿Qué iba a hacer yo con este escalofriante cuadro del cadáver estrellado de mi amiga, con su sangre goteando por todas partes? No podía devolverlo: a lo ancho del borde superior se encontraba un ángel portando un estandarte desenrollado donde se decía en español que esto era "el asesinato de Dorothy Hale, pintado por encargo de Clare Boothe para la madre de Dorothy". Ni siquiera para mi más encarnizado enemigo le habría yo encargado pintar un cuadro tan sangriento, y mucho menos de mi desafortunada amiga». Finalmente, optó por la prudente solución de sobrepintar la banderola y borrar parte de la inscripción inferior, para mantener alejado su nombre de aquel trabajo. Si Frida quería notoriedad, indudablemente la obtuvo, pues la prensa mexicana se encargó de publicar la fotografía de su funesto lienzo.

La experiencia de París

A finales de 1938, Frida Kahlo recibió en Nueva York noticias de París, ciudad hacia la que tomó rumbo, no sin ciertas vacilaciones, en enero de 1939. A su llegada a la capital francesa se encontró con que Breton no se había tomado grandes molestias en organizar la prometida exposición.

Los cuadros estaban retenidos en la aduana y faltaba todavía una galería apropiada. Desesperada, pensó en regresar enseguida. Telegrafió a Diego, quien le aconsejó que se quedara, aunque solo fuera para recuperar los cuadros. Se alojó unos días en casa de Breton; el tiempo además no acompañaba. El desconocimiento del idioma acentuó su soledad, aunque no por ello dejó de reconocer la belleza de la ciudad y recorrió los principales lugares. Trabó amistad también con ciertas personas que le interesaron, como Paul Éluard, Yves Tanguy, Max Ernst y Marcel Duchamp, cuya ayuda resultó inestimable, y gracias al cual consiguió llevar a cabo los preliminares necesarios para la muestra. Pero también enfermó de una infección en el riñón, con fiebres altas, y tuvo que ser internada en el Hospital Americano de Neuilly. Cuando la fiebre bajó y el malestar empezó a remitir, se sintió feliz de estar en un centro en el que podía hablar inglés.

Una vez dada de alta, la familia Duchamp la acogió en su casa con los brazos abiertos. A pesar de las dificultades relacionadas con la organización, la galería Renou & Colle, conocida por su especialización en pintura surrealista, se mostró dispuesta a exponer la obra. Así, bajo el título de *Méxique*, el 10 de marzo fue inaugurada una exposición en la que también pudieron verse, junto a los trabajos de Frida, obras mexicanas de los siglos XVIII y XIX.

EL CAMINO HACIA EL ÉXITO

Frida trabajaba tanto como se lo permitían la convivencia con Diego y su cuerpo enfermo y dolorido. Su propio marido expresaba bien alto lo que otros pensaban sin decirlo: que ella pintaba mejor que él.

La animaba sin cesar, se preocupaba por darla a conocer, la colocaba en un primer plano. La pintura era un ámbito en el que no surgían rivalidades entre ellos, puesto que cada uno seguía su propio camino y admiraba al otro sin reservas. Comparativamente, ella había producido muchos más cuadros durante el periodo en que estuvo sola, angustiada, aunque exenta de las tareas domésticas que ahora deseaba cumplir. A diferencia de Rivera, ella trabajaba pocas horas al día, pero siempre con el mismo cuidado: cada pincelada estaba pensada, el más mínimo pelo de la piel de un mono requería una gran dosis de minuciosidad. Daba igual si un cuadro permanecía en el caballete durante varios meses: su pintura no era una carrera contrarreloj, ni se le exigía prisa alguna.

Durante la primera mitad de la década de 1940, la cada vez más constante presencia de animales domésticos (papagayos, monos, perros itzcuintlis, ciervos) y la flora mexicana en los autorretratos *(Yo y mis pericos, Autorretrato con monos)* revela la tranquilidad de que disfrutó la artista en aquel periodo, a pesar de que también sufría, en cierta manera, la soledad.

Un cuadro como *Perro itzcuintli conmigo* ya había demostrado la melancolía en que se hallaba inmersa; el pequeño animal aportaba seguridad y dulzura a su existencia. Por entonces, además, la situación política mundial se hacía cada vez más explosiva. La guerra europea persistía, y en 1941 los ejércitos alemanes de Hitler irrumpieron en la Unión Soviética. La oposición de Stalin contra Hitler hizo que Frida Kahlo se sintiera de nuevo cercana al Partido Comunista. La Segunda Guerra Mundial tuvo como consecuencia un auge económico en México, puesto que la industria bélica estadounidense necesitaba materias primas.

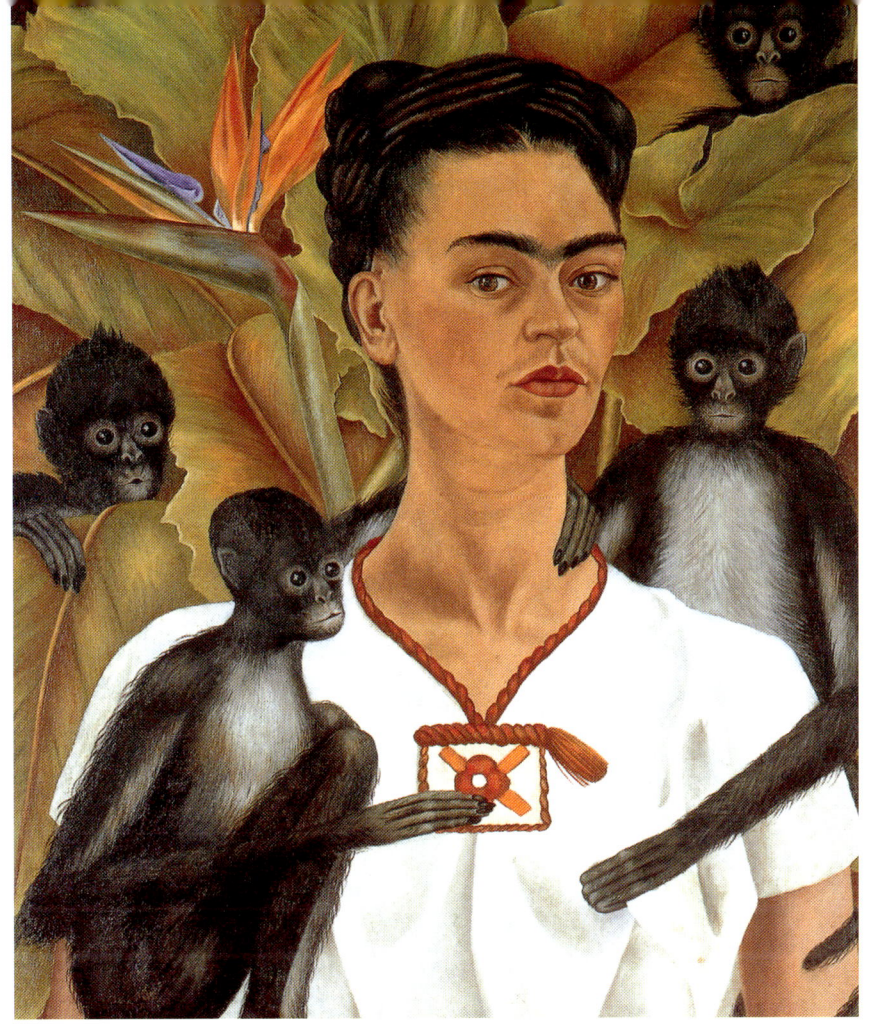

■ *Autorretrato con monos*
1943, óleo sobre lienzo, 81,5 x 63 cm
Ciudad de México: Colección Jacques y Natasha Gelman

Al mismo tiempo, bajo el gobierno del presidente Manuel Ávila Camacho (1940-1946), se produjo un giro hacia la derecha, que se hizo notar sobre todo en la política cultural.

El reconocimiento público de Frida, en México y en el extranjero, aumentó en estos años. En 1942 fue elegida miembro del Seminario de Cultura Mexicana, una organización dependiente del Ministerio de Cultura formada por 25 artistas e intelectuales. Su función era el fomento y la divulgación de la cultura mexicana, la organización de exposiciones y conferencias, y la edición de publicaciones. Expuso, además, en el Museum of Modern Art de Nueva York. En el aspecto personal, fue también el año en que comenzó a escribir un diario, considerado con el tiempo como una de las fuentes de información primordiales sobre su forma de pensar y sentir. En sus páginas, no solo comentó la vida de la década de 1940 hasta su muerte, sino que también se remontó a su niñez, adolescencia y juventud. Trató temas como la sexualidad y la fertilidad, la magia y el esoterismo, así como sus sufrimientos físicos y psíquicos, los cuales plasmó en bocetos a la acuarela y a la aguada.

■ *Autorretrato como tehuana o Diego en mi pensamiento*
1943, óleo sobre fibra dura, 76 x 61 cm
Ciudad de México: Colección Jacques y Natasha Gelman

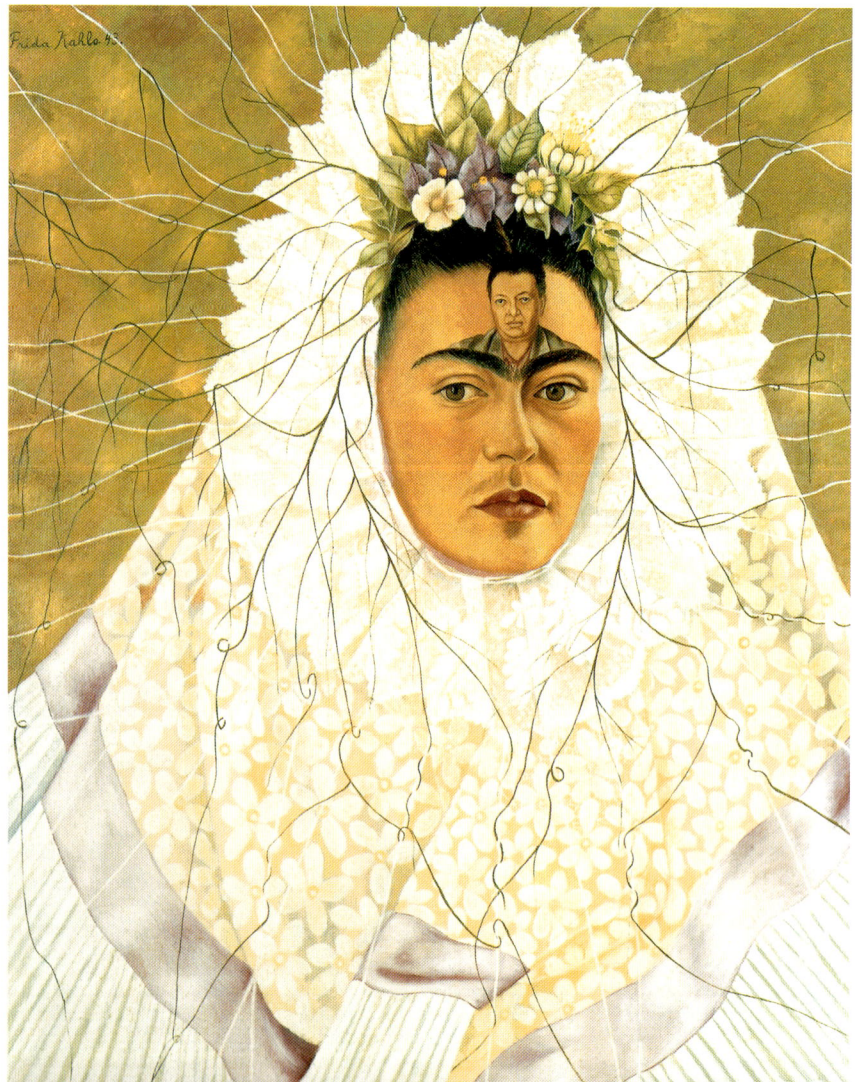

Son páginas que contienen diversos apuntes de dibujo, declaraciones de amor a Diego, frases que remarcan su soledad, su cuerpo torturado, su visión del mundo, de la tierra, de la vida...

En la segunda mitad de esa década, disfrutó Frida de tal prestigio que formó parte de la mayoría de las exposiciones colectivas de México, y Estados Unidos (Filadelfia, San Francisco) no tardó tampoco en llamar a su puerta. El formato de sus cuadros aumentó otra vez de tamaño a finales de la década de 1930 y principios de la de 1940. Puesto que su proyección internacional le ayudó a darse a conocer a un público más amplio, empezó a estar muy solicitada. Todo el mundo se disputaba una obra suya, y su reputación se consolidaba por momentos. Llama la atención que, especialmente en los años cuarenta, se dedicase más exhaustivamente a la ejecución de unos retratos de busto caracterizados por la detallada decoración del fondo y de los atributos. Tal circunstancia responde, con toda probabilidad, a las demandas y exigencias de los compradores, quienes deseaban desvincularse de las autorrepresentaciones de cuerpo entero, a menudo sorprendentes e inmersas en un marco narrativo. Uno de los mecenas que esporádicamente le hacía encargos era el ingeniero agrónomo Eduardo Morillo Safa, que ocupaba un puesto en el servicio diplomático del gobierno. En el transcurso de esos años compró unos 30 cuadros de Frida, y se hizo retratar a sí mismo y a cinco miembros de su familia en cuadros como *Retrato de Doña Rosita Morillo y Retrato de Lupita Morillo.*

Una peculiar filosofía docente

La Escuela de Cultura y Talla Directa (conocida como Escuela de Talla Directa), dependiente del Ministerio de Educación y transformada en 1942 en la Escuela Nacional de Pintura y Escultura, que ahora se llama Escuela Nacional de Pintura, Escultura y Grabado (ENPEG), y se conoce como «La Esmeralda», en honor de la calle en que se encontraba, permitió a Frida explorar otra faceta de su actividad artística.

Con objeto de reformar las clases de arte, 22 artistas se incorporaron al personal docente, entre ellos Frida Kahlo y Diego Rivera. La pedagogía popular y liberal del centro hizo que, desde el principio, obtuviese un gran éxito. La iniciativa resultó más ambiciosa que el lugar, ya que en vez de trabajar en un estudio ante modelos de escayola o copiar obras europeas,

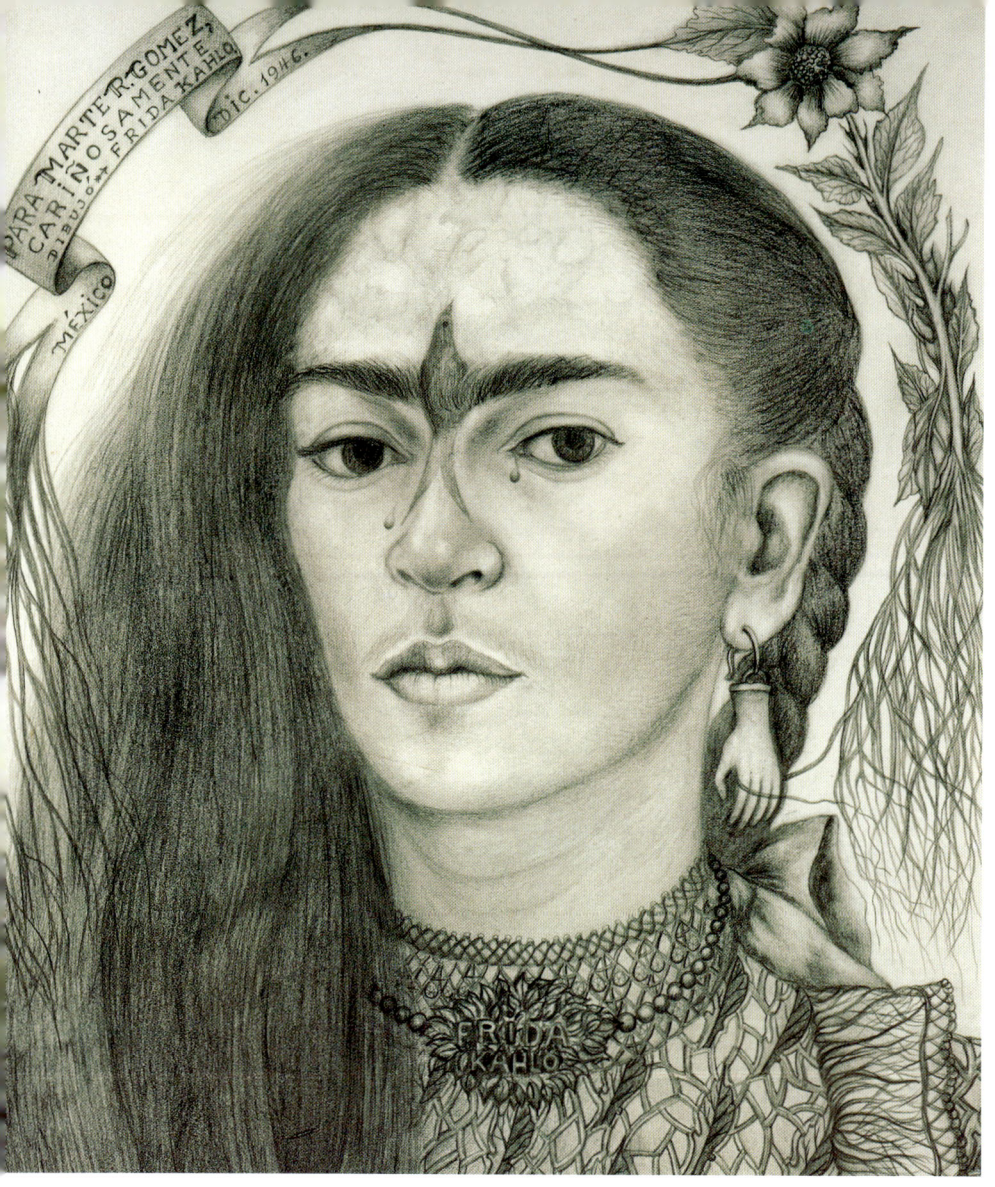

■ *Autorretrato dedicado a Marte R. Gómez*
1946, lápiz sobre papel, 38,5 x 32,5 cm
México: Colección Marte Gómez Lea

los alumnos eran enviados a la calle o al campo para que buscaran inspiración en la realidad mexicana, en clara consonancia con la vocación y la dinámica de la escuela. Artistas más que profesores, las enseñanzas de sus maestros quedarían marcadas por sus personalidades.

Junto a la formación práctica, los estudiantes recibían también clases de

Matemáticas, Lengua, Francés, Historia e Historia del arte. Puesto que la mayoría de ellos procedía de familias de clase trabajadora los cursos y los materiales eran gratuitos. En general, tenían 16 o 17 años, y las chicas eran minoría.

Frida fue responsable, a partir de 1943, de una clase de pintura de doce horas semanales. Resignada a la imposibilidad de convertirse en madre, el contacto con gente joven fue de su agrado. El tema de los niños no fue un argumento muy prolífico en su pintura, pero no hay duda alguna de que le gustaban. Además, siempre mantuvo una estupenda relación con sus sobrinos Isolda y Antonio, hijos de su hermana Cristina.

En lugar de prepararse las clases, Frida aplicó un método poco ortodoxo que sorprendió al principio a sus alumnos. Desde el primer día, les dijo que debían tutearse e insistió en tener una relación de camaradería. Jamás los tuteló, sino que buscó por encima de todo estimular su propio desarrollo y autocrítica. Intentó enseñarles algunos principios técnicos y la imprescindible autodisciplina y, aunque comentaba los trabajos, nunca atacó directamente el proceso creativo. Evitó la crítica fácil, porque pensaba que en realidad no había reglas para aprender a pintar, con excepción del despliegue de la propia personalidad al máximo de sus posibilidades. Lo único que quería era que crearan imágenes extraídas de su propio mundo, y les enseñó para ello a apreciar la belleza de lo que les rodeaba, la mexicanidad de su entorno.

«No decía ni media palabra acerca de cómo debíamos pintar ni hablaba del estilo, como lo hacía el maestro Diego... Fundamentalmente, lo que nos enseñaba era el amor por el pueblo y un gusto por el arte popular», recordaban sus discípulos. Les incitó a pintar lo que veían, sin recurrir a artificios. «Dibujen lo que ven», les decía, «dibujen lo que sientan». Un día, decía de manera imprevista: «Muchachos, no podemos hacer nada encerrados en esta escuela. Salgamos a la calle. Vayamos a pintar la vida callejera». A veces iban a una pulquería, desde donde se refrescaban, miraban cómo bebía la gente, escuchaban música de guitarras y cantaban canciones con los ex revolucionarios borrachos, a los que Frida llamaba «sus camaradas».

Sus alumnos estaban encantados, más incluso cuando la profesora se presentaba en la escuela con cestas de comida para picar. No obstante, la salud siempre quebrantada de Frida Kahlo no tardó en jugarle una mala pasada. Sus traslados a diario a Ciudad de México para impartir las clases resultaron a la larga altamente perjudiciales para su delicada espalda, motivo por el cual decidió continuar aquella tarea en la Casa azul y que fuesen los jóvenes los que se desplazasen. La idea fue de su agrado y, al principio, unos diez o doce acudían a la vivienda cada día.

Montaban sus caballetes en el jardín o bien se desplazaban a lugares cercanos y pintaban durante toda la mañana. Ella les daba de comer y les proporcionaba, por añadidura, las pinturas y lienzos que precisaban para realizar sus tareas. En octubre de aquel mismo año, Rivera publicó un artículo sobre su esposa titulado «Frida Kahlo y el Arte Mexicano», en el *Boletín del Seminario Mexicano de Cultura*. Escribió un recorrido por la historia, la sociedad y el arte de México hasta llegar a su esposa; declaró casi al final del ensayo: «Para Frida lo tangible es la madre, el centro de todo, la matriz; mar, tempestad, nebulosa, mujer».

Pero aquella idílica situación tampoco duró mucho tiempo. La larga distancia que separaba Coyoacán de la ciudad hizo que uno a uno los muchachos dejaran de asistir, puesto que no podían hacer aquel largo trayecto cada día. Al final, solo quedaron cuatro, que recibieron el apelativo de «Fridos»: Arturo García Bustos, Guillermo Monroy, Arturo «el Güero» Estrada y Fanny Rabinovich, posteriormente conocida como Fanny Rabel. Algunos tuvieron incluso la oportunidad de aplicar sus conocimientos de pintura mural, aprendidos con Diego en la escuela, en la decoración de las paredes exteriores de la pulquería La Rosita, cercana a la Casa azul. Kahlo había obtenido permiso para ello, sabedora de que sería un buen ejercicio para sus muchachos.

De esta forma, y junto con algunos alumnos de su marido, pintaron allí durante algún tiempo y, cuando en junio de 1943 finalizaron el trabajo, Frida decidió organizar una fiesta por todo lo alto a modo de inauguración e hizo imprimir y distribuir folletos. En otras palabras, convirtió aquella diversión en un evento social de gran importancia, al que acudieron tanto la prensa como varias personalidades. Con el tiempo, la exitosa iniciativa supuso para Frida un aluvión de nuevas propuestas, entre las que se materializó la realización de un mural en una lavandería pública. Lo cierto es que ayudó mucho a sus jóvenes discípulos, les consiguió trabajo y les buscó todas las oportunidades que estaban a su alcance para montar exposiciones con sus obras.

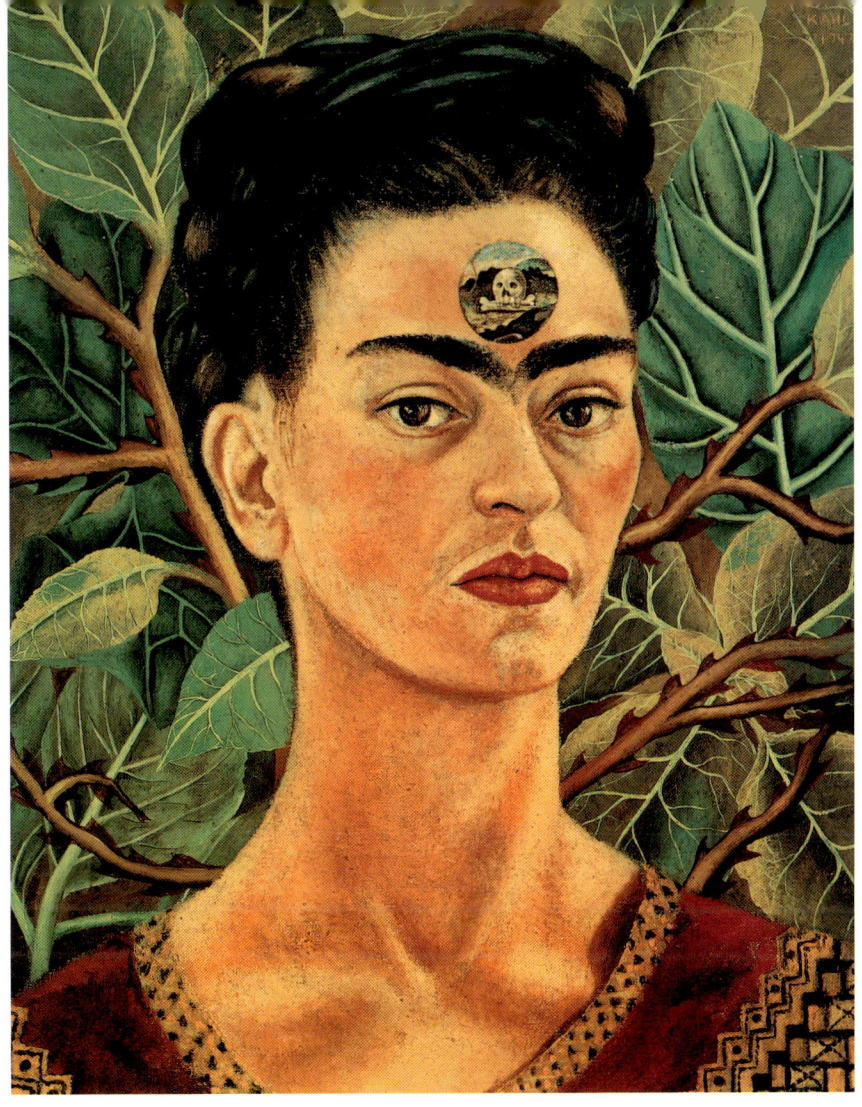

■ **Pensando en la muerte**
1943, óleo sobre lienzo montado sobre fibra dura, 44,5 x 36,3 cm
Ciudad de México: Museo Dolores Olmedo

El arte como forma de vida y expresión de la muerte

Mientras los alumnos de Frida saboreaban la experiencia de la Casa azul, ella no dejó de pintar. Del amor obsesivo que aún sentía por su marido dan testimonio *Autorretrato como tehuana o Diego en mi pensamiento*, cuadro en el que las raíces de las hojas que adornan su tocado aluden a la tela de araña con la que intenta retener a su marido, y *Diego y Frida 1929-1944* o *Retrato doble Diego y yo*, realizado con ocasión del

58º aniversario de Diego y el 15º de su unión, formado por un rostro completo con la mitad de la cara de cada uno.

Sin embargo, Frida pintaba más que nunca sus emociones, su dolor físico, y la idea del más allá no tardó en aparecer en su mente. Realizó así *Pensando en la muerte,* autorretrato en el cual plasmó el cráneo de una calavera en su frente y en el que se representó ante un fondo de ramas con espinas, símbolo de la mitología prehispánica, con el que la artista aludió a la antigua acepción mexicana del renacer que sigue a la muerte.

Pero aquella fue también una época en la que puso de relieve los sentimientos que le inspiraba su acentuada sexualidad, transformando una planta exótica en los órganos procreativos masculinos y femeninos en *Flor de la vida,* y exteriorizando sus temores en *La novia que se espanta de ver la vida abierta.*

En 1944, se vio obligada a llevar un aparato de acero, lo que reflejó en su autorretrato *La columna rota,* pintura en la que su tronco erguido, abierto en canal por la mitad, parece sostenido solo por el corsé. Una columna jónica con diversas fracturas simboliza su columna vertebral herida, en tanto que las lágrimas que se deslizan por sus mejillas hablan de su desesperación y soledad. Por entonces, su cuerpo se iba ya degradando a marchas forzadas, y Frida dependía cada vez más de la bebida y de las drogas medicinales para amortiguar el mal.

Aquel ajustador le sujetaba la espalda, pero no aportó alivio alguno a sus dolores. A causa de su falta de apetito, adelgazó a ojos vistas, lo cual comportó periodos de sobrealimentación forzada que, en algunas ocasiones, incluyeron transfusiones de sangre.

En *Sin esperanza* expresó toda la aversión que sentía hacia aquella situación que le estaba tocando vivir; en el reverso del lienzo escribió: «No me queda ni la más pequeña esperanza... todo se mueve al ritmo de lo que ingiere el vientre».

En 1945 le fabricaron por vez primera un zapato ortopédico con suela compensada para el pie derecho. También le colocaron un nuevo corsé de yeso, cuya rigidez tampoco pudo soportar. Desde entonces, radiografías, punciones lumbares, inyecciones diversas, analgésicos, reconstituyentes, reposo en cama e inactividad se convirtieron en su vida cotidiana.

Un año después, los médicos le aconsejaron que fuera intervenida en el Hospital for Special Surgery de Nueva York, ciudad a la que se desplazó en el mes de mayo acompañada por su hermana Cristina. El diagnóstico estableció que había que soldar cuatro vértebras lumbares con la ayuda de un trozo de hueso pélvico y de una placa metálica de 15 cm.

Después de la operación, realizada en junio, escribió al amor de su juventud, Alejandro Gómez: «La *big* operación pasó. Hace ya tres *weeks* que procedieron a los cortes y recortes de huesos. Y el médico es tan maravilloso, y mi *body* tan lleno de vitalidad...».

■ *Sol y vida*
1947, óleo sobre masonite, 40 x 50 cm
Ciudad de México: Colección Manuel Perusquía

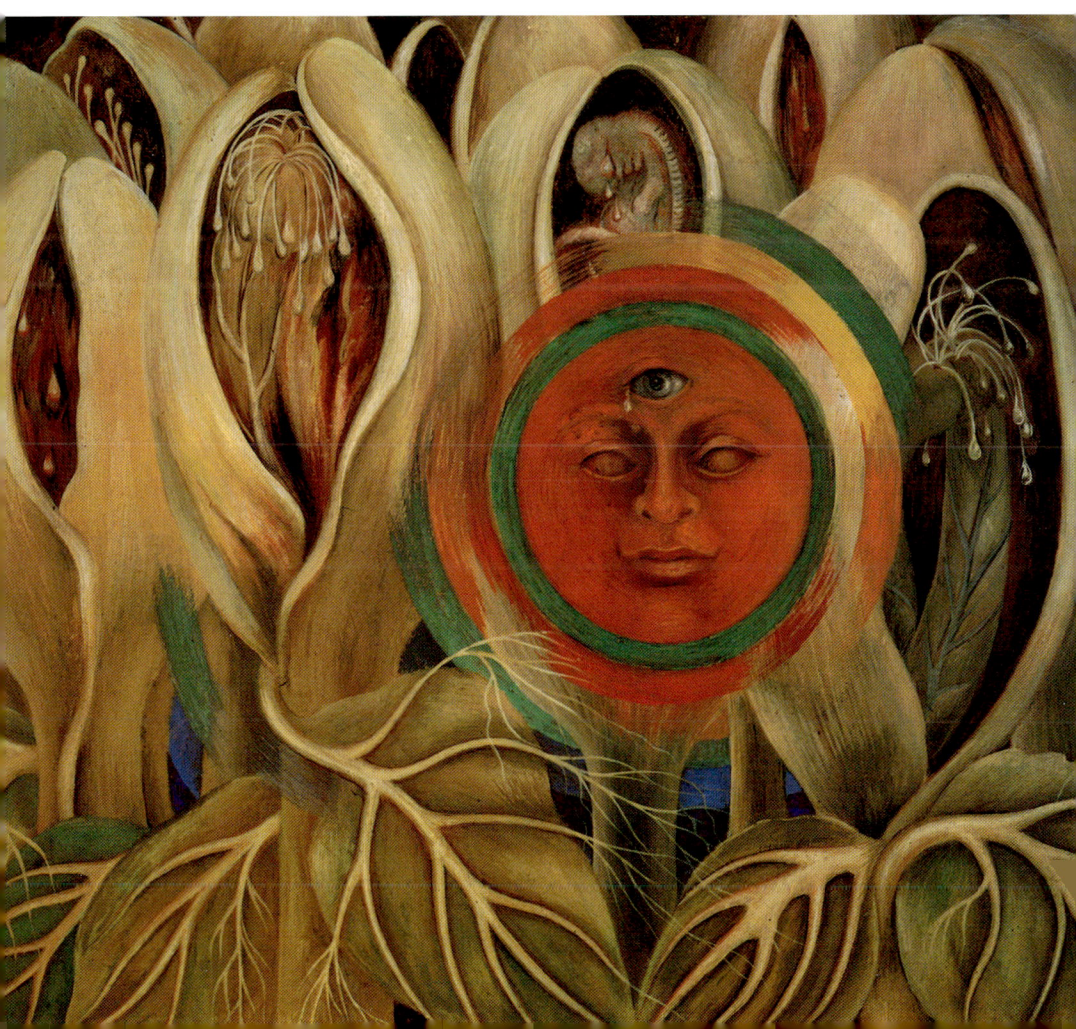

UN TIEMPO PARA MORIR

A finales de la década de 1940, el estado de salud de Frida empeoró a pasos agigantados. En 1950 fue enviada durante nueve meses al hospital ABC de Ciudad de México. A causa de una insuficiencia circulatoria en la pierna derecha, cuatro dedos del pie se necrosaron y tuvieron que ser amputados.

Pero ella tenía cada vez más problemas con la columna. Después de la operación de 1946, la incisión que le habían practicado en la espalda se le infectó de tal manera bajo el corsé, que hacía inviable una nueva intervención en la columna. Al haberse quedado prácticamente sin defensas, la herida no quería cicatrizar, y la infección se reproducía sin cesar.

Su marido decidió solicitar una estancia en el centro para poder permanecer a su lado algunas noches. La habitación de Frida nunca estaba vacía. Comían con mucho apetito los platos que traía una de las hermanas, hablaban, reían a carcajadas e incluso a veces se peleaban. La familia Kahlo, los amigos e incluso el personal del hospital (que trataba a la artista con ciertos privilegios), todos rodeaban a la enferma, a quien, sin embargo, los meses le parecían siglos. Soportaba mal la inactividad de ese reposo forzado y se impacientaba. Hasta después de la sexta operación, de un total de siete, no se encontró en condiciones de trabajar de cuatro a cinco horas al día. En el fondo, la verdadera compañía, su auténtica y más fiel amiga era para ella la pintura, que al fin pudo reemprender gracias a la autorización de los médicos. Era como sentirse medio salvada, aunque fuese en un hospital. Sobre la cama se dispuso un caballete especial que le permitía pintar acostada.

De vuelta a casa al cabo de un año, sentía que el mundo desaparecía a su alrededor y el destino le jugaba una mala pasada. Al fin y al cabo, y como ella misma decía en algunos momentos de ánimo, tan solo tenía 44 años y toda una vida por delante. Pero también es cierto que varias veces la habían encontrado desmayada. «Un tiempo para morir» era lo que Frida buscaba.

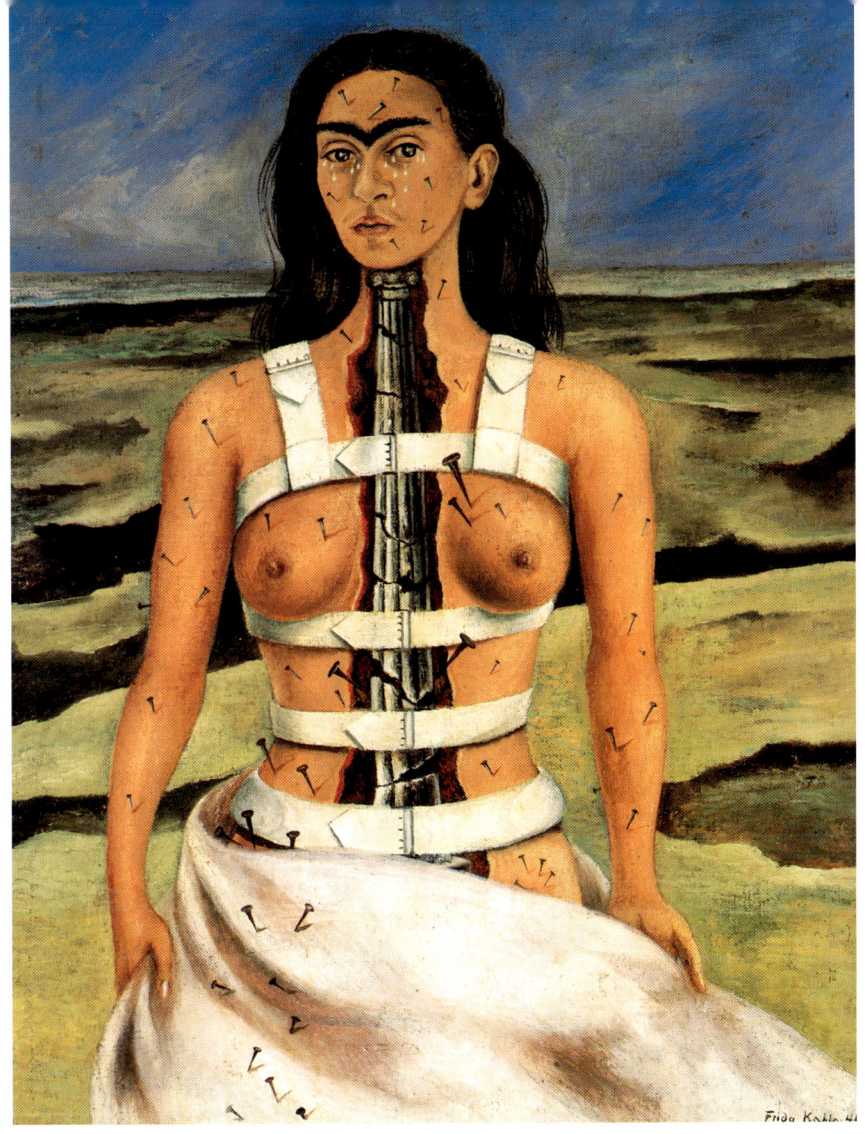

▪ La columna rota
1944, óleo sobre lienzo montado sobre fibra dura, 40 x 30,7 cm
Ciudad de México: Museo Dolores Olmedo

Para escapar a los sufrimientos, a los dolores, a Diego, a la vida, a sí misma. Bebía demasiado coñac, tequila, kahlúa o todo mezclado. Sabía perfectamente el daño que se hacía, pero su desesperación era inmensa. Añadía pastillas y medicamentos a las mezclas de los alcoholes, intentando así de forma consciente acabar con su vida para no seguir en aquel estado.

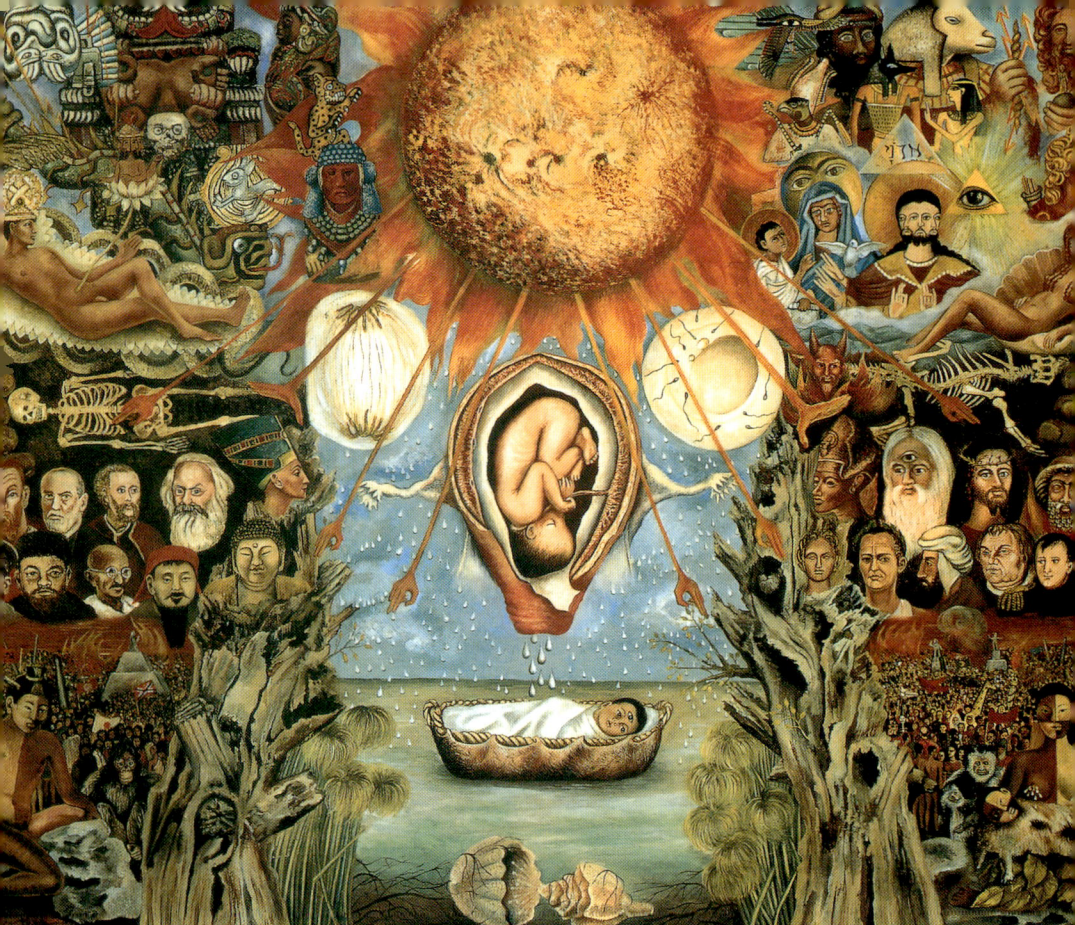

Árbol de la esperanza mantente firme
1946, óleo sobre fibra dura, 55,9 x 40,6 cm
París: Colección Daniel Filipacchi

Las intervenciones se realizaron bajo la responsabilidad del doctor Juan
Farill, quien se ocupó de ella mientras estuvo en el hospital. Frida escribió
en su diario: «He estado enferma un año: 1950-1951. Siete operaciones en
la columna vertebral, el doctor Farill me salvó. Me volvió a dar alegría de
vivir. Todavía estoy en la silla de ruedas y no sé si pronto volveré a andar.
Tengo el corsé de yeso que, a pesar de ser una lata pavorosa, me ayuda a
sentirme mejor de la espina. No tengo dolores. Solamente un cansancio...
y, como es natural, muchas veces desesperación. Una desesperación que
ninguna palabra puede describir. Sin embargo, tengo ganas de vivir. Ya
comencé a pintar el cuadrito que voy a regalarle al doctor Farill y que estoy
haciendo con todo cariño para él». Kahlo hacía referencia al Autorretrato

con el *retrato del doctor Farill o Autorretrato con el doctor Juan Farill*, planteado como si fuera un exvoto, puesto que fue realizado en señal de agradecimiento por las atenciones prestadas por parte del médico, por quien la pintora sentía, además, un profundo afecto.

Durante aquel tiempo, Frida solo podía recorrer a pie cortas distancias, siempre con un bastón o unas muletas. También se vio obligada a desplazarse en una silla de ruedas. Por ello, pasaba la mayor parte del día en casa, donde una enfermera se ocupaba constantemente de ella, en tanto que su hermana Cristina y diversas amistades íntimas, especialmente mujeres, la visitaban. Se acostumbró de nuevo a pintar en la cama y, cuando se sentía bien, trasladaba los enseres al estudio o al jardín.

En los últimos años de su vida Frida realizó pocos retratos, y se dedicó casi en exclusiva a las naturalezas muertas, cuya inspiración le proporcionaban los productos de su huerta o del mercado. Si su pintura se caracterizó hasta 1951 por una ejecución técnicamente cuidadosa, casi en miniatura, lo cierto es que durante el último periodo, y cada vez más, sus obras reflejaron su pésimo estado de salud. Después de aquel año, los fuertes dolores no le permitían trabajar ya sin analgésicos. El creciente consumo de drogas fue el motivo por el que la pincelada se volvió descuidada, el color se aplicó más bastamente y la ejecución de los detalles fue menos minuciosa: *Autorretrato con el retrato de Diego en el pecho y María entre las cejas*.

Esquivando el destino

Durante la primavera de 1953, la fotógrafa Lola Álvarez Bravo, amiga de Frida, quien había reconocido su importancia como artista mexicana, organizó en su Galería de Arte Contemporáneo la primera exposición individual de su obra en México. Planteada a modo de homenaje, pues era del todo evidente el cada vez más cercano final de la pintora, Lola opinaba que había «que honrar a las personas mientras viven, para que puedan disfrutarlo, y no cuando ya están muertas».

El día de la inauguración, el estado de salud de Frida Kahlo era tan deplorable que los médicos le prohibieron levantarse del lecho. A pesar de ello, Frida no quiso perderse aquel acontecimiento.

La cama con dosel fue trasladada y emplazada en el centro de la galería, y ella misma se hizo transportar en ambulancia. Momentos antes, los teléfonos no paraban de sonar y reinaba un gran nerviosismo por doquier. La prensa había invadido prácticamente el lugar, la sala estaba abarrotada, y todo el mundo se preguntaba si la presencia de la pintora se haría efectiva.

Por fin, y fuertemente sedada por las drogas, participó del modo más activo que pudo en el festejo. Señala una de sus biógrafas que le dijo en aquel instante al doctor Farill: «Mira, doctor, hoy no puedo morirme. Haz lo que sea para alejar a la pelona de aquí, aunque solo sea unas horas».

Tumbada en la camilla, iba saludando y sonriendo a sus invitados mientras era introducida en la galería y aposentada en su cama, aunque apretando los dientes de dolor. Era obvio que cualquier movimiento le suponía un gran esfuerzo, pero aun así supo corresponder a los besos y elogios de sus admiradores, quienes formaron una larga cola para saludarla.

Sus incondicionales le demostraron su cariño con palabras de ánimo, pero no pudieron evitar un sentimiento de compasión. Al final, tanta agitación la dejó exhausta, pero feliz de saber el éxito que había tenido la

■ *El venado herido o Soy un pobre venadito*
1946, óleo sobre fibra dura, 22,4 x 30 cm
Houston (Texas): Colección Carolyn Farb

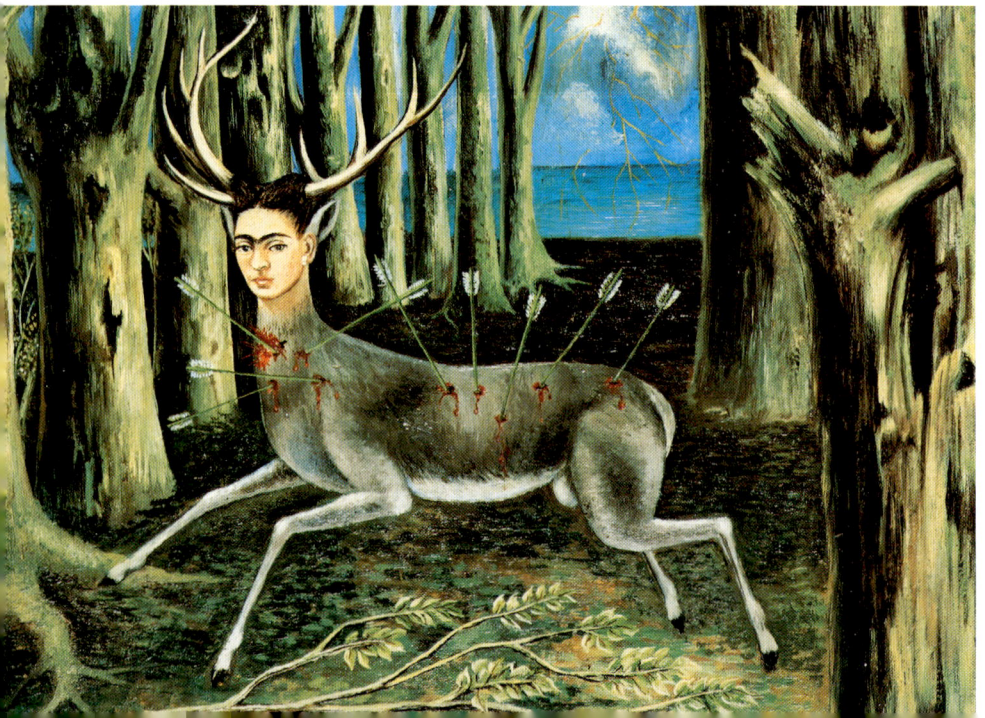

exposición. Supo que a su amiga Lola le habían llegado incluso peticiones del extranjero solicitando información sobre ella. Pero la triunfal repercusión quedó ensombrecida por su enfermedad.

A las puertas del verano, los dolores de la pierna derecha habían llegado hasta tal punto que los médicos decidieron aquel mismo año amputársela hasta la rodilla. A la espera de la operación, durante el día trataba de bromear, pero muchas veces se mostraba agresiva. Lo que manifestaba no era alegría ante la inminente solución de un problema que la atormentaba, sino que su desesperación se expresaba a través de un humor satírico. Por la noche, toda la Casa azul retumbaba con sus sollozos, con sus gritos. Diego no lo soportaba y se encerraba en San Ángel. Hablaba poco, se sentía impotente e incapaz de reaccionar de una manera óptima para su esposa. En realidad, se le exigieron virtudes que no poseía, como la paciencia y la capacidad de sacrificio.

La intervención, que alivió el sufrimiento gracias a una pierna artificial y le permitió incluso volver a caminar, desató sin embargo en Frida Kahlo una profunda depresión. Y, a pesar de que cinco meses después había ya aprendido a desplazarse en trayectos breves, su estado de ánimo era un torbellino de sensaciones: «Me amputaron la pierna hace seis meses, se me han hecho siglos de tortura y en momentos casi perdí la "razón". Sigo sintiendo ganas de suicidarme. Diego es el que me detiene por mi vanidad de creer que le puedo hacer falta. Él me lo ha dicho y lo creo. Pero nunca en la vida he sufrido más. Esperaré un tiempo».

La Revolución, un motivo para existir

Por aquella época, e incluso antes de aquella última operación, su enfermizo estado tampoco le permitió expresarse políticamente en su pintura, algo que se había propuesto desde su reintegración en el Partido Comunista en 1948, pero especialmente desde 1951. En este año escribió en su diario: «Tengo mucha inquietud en el asunto de mi pintura, sobre todo para transformarla, para que sea algo útil, pues hasta ahora no he pintado sino la expresión honrada de mí misma, pero alejada absolutamente de lo que mi pintura pueda servir al Partido. Debo luchar con todas mis fuerzas para que lo poco de positivo que mi salud me deja sea en dirección de ayudar a la Revolución. La única razón real para vivir».

El 2 de julio de aquel mismo año, Frida intervino en la manifestación organizada en protesta contra el derrocamiento del gobierno democrático del presidente guatemalteco Jacobo Arbenz a manos de la CIA. Enferma por entonces de una afección pulmonar, constituyó la última acción pública de la artista, quien asistió desafiando el criterio médico.

La ceremonia de un adiós

Once días después, Frida Kahlo se despedía del mundo entre las entrañables paredes de la Casa azul. Allí tuvo lugar el velatorio, pero la ceremonia del entierro fue oficiada en el vestíbulo del Palacio Nacional de Bellas Artes, lugar en el que su cadáver, que había sido arreglado, peinado con cintas, con sus manos cruzadas adornadas con anillos y el cuerpo vestido con ricas telas, fue exhibido desde la misma tarde del fallecimiento para que recibiese los últimos honores. Como no podía ser de otra manera, también aquella postrera aparición se convirtió en un suceso espectacular.

Alrededor de aquel ataúd abierto se pudo ver a grandes figuras del mundo artístico, políticos de alto nivel, representantes de la alta burguesía, multitud de amigos y la familia, además del antiguo presidente de la República, Lázaro Cárdenas.

En un momento dado, el féretro fue cubierto con una gran bandera del Partido Comunista, lo cual provocó un escándalo y la fulminante dimisión de Andrés Iduarte, un antiguo camarada de escuela de Frida, de su puesto de director del Instituto Nacional de Bellas Artes.

El duelo duró un día y una noche. Hasta la tarde del 14 de julio le rindieron admirados tributos más de 600 personas. Seguido de un interminable cortejo, su cuerpo fue trasladado a través de la ciudad hasta el crematorio civil de Dolores. Allí, tras varios solemnes discursos, se respetó su deseo de ser incinerada entre canciones. Sus restos fueron depositados en la Casa azul, la casa que Frida amó intensamente, a cuya decoración dedicó muchos años. En homenaje a su vida y a su obra, fue transformada en museo el 12 de julio de 1958. Para ello, Rivera donó la vivienda a la nación e instauró un fideicomiso en el Banco de México, que a su vez nombró un comité técnico para su administración. El célebre muralista murió un año antes de la inauguración.